先輩の背中　私の背中

—後輩への伝言—

栢原《かやはら》　英郎《ひでお》

ウェイツ

沖縄振興橋本プロジェクトの第1号。金武町の照明デザインに石井幹子さんの協力を頂く
（本文p.63参照）

目次

第2章　忘れ得ぬ人々

中扉写真：栢原英郎

序

われわれの仲間のひとり、栢原英郎君がこのたび「先輩の背中 私の背中—後輩への伝言—」と題する本を上梓した。誠に喜ばしいことである。

彼は1964年に運輸省に奉職し、港湾局長、初代の技術総括審議官を務め、1998年に退官したひとりの土木技官である。最終ポストを見る限り、順調に職歴を重ねてきたように見える。しかし入省2年目の運輸省海運局勤務に始まり、経済企画庁、二度にわたる国土庁勤務の履歴を持っている。その彼を評し、周辺から「港湾局の家風に合わない」とか「便利使いをされている」と言われた時もあった。心配してくださる先輩からは、「運輸省を辞め転職したほうがよい」とも勧められていたという。

その彼を育てたのは、この本を読むと当時は色濃く残っていた「上級職（現在の国家公務員総合職）」は将来の幹部候補生だという周辺の厳しい目と、単騎出向している他の組織で「自分の出来不出来で親元の港湾局が評価される」という緊張感だったという。その彼を「出向した先の人間として頑張れ」と言って送り出した港湾局のおおらかさが支えた。

その間の時の流れを通じ、下河辺淳氏、岡本行夫氏等々の師であり友を得て、今日までの人生を豊かにしている。おそらく、少年時代に映画監督の木下恵介氏から諭された「良い友達が欲しければ、まず自分自身が良い人になりなさい」という言葉が脳裏を離れなかったのだろう。若い方々が心すべき箴言である。

彼はそれぞれのポストで所管事項をこなすだけでなく、次代を見据えた慧眼が大規模地震対策岸壁の構想、既存岸壁の液状化対策の展開、日韓港湾局長会議、日本港湾協会の組織改革など、今日につながっている事業、仕組みを多く残している。それらのきっかけは、単純に「何かおかしい」という疑問を持つことにあったことは興味深いことである。加えて、組織の一員としてその組織に対する責任感である。また「難局に右顧左眄することも、策を弄することもなく、職員の誇りが傷つくことがないよう真正面から取り組まれた姿勢」（拙著『海図なき海原に向って』）を、皆さんも教訓にしてほしい。その時の彼の信条は、本書の第4篇「私の体験的リーダー論」に述べておられる。

本書の副題「後輩への伝言」が願っているように、ひとりの先輩の経験を後輩たちがそれぞれ受け止めて、一人ひとりが生き甲斐のある仕事ができることを、そして誇るべき港湾局をますます良いものにしていただくことを、大いに期待している。

泉　信　也

（元運輸省大臣官房審議官、参議院議員、国務大臣国家公安委員長）

はじめに

私はいまから60年前の１９６４（昭和39）年４月、運輸省に勤務することになった。「上級職」と分類されていた幹部候補生の国家公務員を志望したのは「国家国民に役立ちたい」などといった高邁な志があったからではない。土木工学科の教室主任の「公務員試験を受けよ。受けない者は民間会社の就職の紹介もしない」という、現在では考えられない指示に素直に従っただけである。いま思うと、自分の人生に対して主体性のないことあきれるばかりである。

当時は試験に合格して採用が決まると、４月１日に任地に赴いて辞令を交付され、その数日後に新規採用者全員が東京（運輸本省）に集合して研修を受ける仕組みとなっていた。

４月１日に、指定された運輸省第二港湾建設局（二建、横浜市）で、建設局長から採用辞令が交付され、その後短い訓示があった。「１日２時間は勉強をするように」。不遜なことだが「なんだ、簡単なことだ」と思った。当時、大学生になったなら読まなければならない雰囲気があった阿部次郎の『三太郎の日記』からはじまり、パスカルの『瞑想録』、大学の先輩でもある内村鑑三の著作など、興味の赴くままに１日２時間程度は本を読んでいたからである。

そのような時間がとれたのは恵まれた生活環境にいたためかもしれない。学生時代は、「北海道大学基督教青年会」の有島武郎等の先輩によって明治末期に開設された「汝羊寮《じょよう》」（由来については旧約聖書の詩篇１００編「汝らは主（神）に養われる羊の群れ」とエゼキエル書34章31節「汝らは我が羊、我が牧場の群れなり」の2説がある）で過ごしていた。1940（昭和15）年に改築されたのだから築年数は私の歳と同じ20年であるにもかかわらず、手入れが十分ではなく、吹雪の翌朝には廊下に雪が積もっているような木造2階建ての建物であった。しかし、「自らを省み、考える時間を大切にする」ために、居室は学生寮としては珍しい個室だったので、誰に気兼ねすることもなく本を読んだり音楽を聴いたりしていた。

新規採用者に対する研修も終わって業務が始まったときから「1日2時間の勉強」がいかに困難かを思い知ることになった。仕事のために調べ物をすることはあっても、自分が興味を持った読書など思いもよらなかった。勤務が本格化するにつれてこの状態はますますひどくなった。

では何が私を育ててくれたのか。机の前に座ることはできなかったが、先輩の言葉、行動から多くのことを学ぶことができた。「先輩の背中を見て育つ」と古くから言われてきたが、まさにそのとおりであった。しかし、すべてが倣うべき背中でもなかった。経験を積んでくると「なぜこのようなくだらないことを続けているのか」とか、「なぜこんなに大切なことに気がついていないのか」と、先輩たちの背中を批判的に見ることも多くなった。良い背中からは学び、「何もしない背中」の轍は踏まないように努めた。私は良くも悪くも「先輩の背中」に育てられたと言ってよい。

しかしある日、私が先輩の背中から多くを学んだように、後輩も私の背中を見てくれていると思って振り向いてみたら、後に誰も居ないという夢を見た。誰もが自信に満ちて仕事をしており、誰もが忙しそうで、先輩の背中など見る必要も暇もないように見えた。寂しさと不安を感じた私は、尊敬するある大学の教授にそのことを話した。教授は「大学はかなり前からそうだと感じていましたが、あなたの世界もそうですか」と、嬉しそうに話してくださった。「研究の独自性」が求められる大学はそれでよいかもしれない。しかし長い時間を必要とするハード、ソフトのインフラを整えることを使命とし、加えてその作業を1年の会計年度ごとに進めていく行政の世界は、気がついたら1年を待たずに改めることのできる恵まれた世界である。先輩の成功や失敗は何よりのテキストであり、これが受け継がれなければ組織の成長を望むことはできない。嘆いていても仕方がない。それを伝えることは先輩から多くを学ばせていただいた者の責任ではないか。そう考えたのが本書をまとめることにした動機である。

第1篇「先輩の背中」の第1章「忘れ得ぬ言葉」では、私の歩みの折々に語っていただき、座右銘・指針となった貴重な言葉をまとめた。言葉は意味が明確なだけに記憶に残り、適切な時によみがえる。第2章「忘れ得ぬ人々」では、私がご指導をいただいた人を紹介している。ご指導をいただいた人は多いが、記憶の鮮やかな6人を紹介させていただいた。優れた人との出会いは私に大きな影響を与え、私を育ててくれた。ご指導をいただいた方々の多くはすでに鬼籍に入っておられるが、まだ活躍をしておられる方もいる。これからもご指導いただくことになるだろう。

第2篇「私の背中―私の行動原則と記憶に残る仕事」では、社会に出て60年の間に体験した記憶に残る仕事を紹介している。

第1章「仕事との出会い」では、それらの経験を通じて知った、仕事に気づくための5つのポイントを紹介している。実績のほとんどは目の前に起こっている事柄の中に「何かおかしくないか」と疑問を抱いた結果である。「疑問と好奇心」がキーファクターである。

第2章「いかにして楽をして良い仕事をするか」では、気づいた仕事を効率的、効果的に進めていくための10のポイントを挙げている。学生時代のアルバイトから始まり、その後の半世紀余の仕事生活の中で気づいた知恵をまとめたものである。

第3章「記憶に残る仕事」は、私が主体的に関わった仕事を紹介している。「自慢話などを得々と語って」と非難されるだろうが、見てほしいのは業績ではなく、やはりなぜその仕事に気づいたかという点である。さらに、取り立てて優れた者でない私にも実現できたのだから、私より優れた方々が「自分にもできる」と思ってくださることを期待してのことである。

第3篇「組織の背中」では、運輸省港湾局の歴史の中で忘れてはならない1993年（平成5年）11月に出された財政制度審議会公共事業に関する小委員会の報告について取り上げている。この出来事の初期段階から港湾局の責任者のひとりとして体験して、私は日本という島国で1億2千万人の国民の生活と経済活動を支えるという港湾の使命と、そのために港湾を整備するという、目的と手段の位置がいつの間にか逆転をしていた事の結果であると認識するようになった。この出来事から学ぶことは多いと考え独立した篇にした。

第4篇「私の体験的リーダー論」では、率いる組織の大きさにかかわらず、ひとつのグループを率いる者が心しなければならないことを、私の小さな、しかし多様な体験からまとめた。60年前「あなた方はリーダーである。そのことを忘れてはならない」と繰り返し言われて職業人人生をスタートさせた。その役割を果たし得たかどうかは心もとないが、日々の中で私が心がけてきたリーダー像をまとめている。

第1篇　先輩の背中

第１章　忘れ得ぬ言葉――座右の言葉の数々

（１）良い友達が欲しければ、まず自分自身が良い人になりなさい

これが「忘れ得ぬ言葉」の最初で、また最も大切にしてきたものだ。

私が中学生のときである。中学生向けの新しい学習雑誌を発刊しようと企画した人がいた。彼は創刊号の目玉企画として、１９５４（昭和29）年当時、話題になっていた壺井栄の小説を映画化した「二十四の瞳」のメガホンをとった木下恵介監督を中学生がインタビューすることを考えた。

瀬戸内海の小島にある小学校に、教師となって初めて赴任した大石先生と、12人の生徒の交流を描いた作品である。普通に暮らす島の人々に、戦争がもたらした苦難を静かに語る映画であった。

インタビューは、編集者と私ともうひとりの女子中学生の3人で、木下監督を松竹の大船撮影所に訪ねて行われた。インタビューでどのようなことを聞いたのか、そして監督がどのように答えたかは残念ながら記録として残っていない。その雑誌社は、創刊号を出す前に倒産してしまったからだ。ただ、私が木下監督に聞いたひとつの質問とその答だけが、強烈な記憶となって残っている。

私はインタビューの最後に、少し気の利いた質問をしようとして「あの12人のような良い仲間を持つにはどうしたらいいのですか」と聞いたのだ。監督は鋭い目をギロッと私に向けた。気の利いた質問をしようという私の魂胆が、見透かされているかのような迫力があった。そして次のように答えて

くれたのだ。

「良い友達が欲しければ、まず自分自身が良い人になりなさい」。

この言葉は、私の人生最初のそして最も大切な「座右の銘」となった。人づきあいが苦手にもかかわらず孤高を守るほど強い人間ではなく、仲間は欲しかった私が友人を持とうとしたら、あるいは人に気に入られようとしたら、自分を捨て揉み手をして人に近づこうとしたに違いない。そうならなかったのは「良い友達を得るためには自分が良い人になる」以外ないと教えられたからである。

(2)世が世であれば「はんにんかん」。そのことを頭において仕事をするように

私が運輸省に入って最初の勤務先となった二建には、後藤捨蔵さんという「名物人事課長」がいた。なぜ「名物」と尊敬を込めて語られるのかは遂に知ることにはならなかったが、局長から辞令を交付され「誓約書」などに署名をした後、人事課長の後藤さんの前に、同じ敷地内にある「京浜港工事事務所」に配属になったもうひとりの仲間と私の2人が座らされて、公務員としての心得を小一時間ほど聞かされることになった。

その中で課長はこう言ったのだ。「君たちは世が世であれば『はんにんかん』である。現場に出るために宿屋の玄関に出て上がりかまちに腰をかければ、ゲートルを巻く者、脚絆をつける者など、身支度を整えてくれる人が数人待ち構えている。自分がそのような立場の人間であるということを忘れてはならない」。

「はんにんかん」とは初めて耳にする言葉であった。だからそれを聞いたときに頭の中に「半人官＝半人前」、あるいは「半任官＝仮採用」という文字が浮かび、半人前あるいは仮採用の者を、どうしてそれほど大切にするのか不思議に思った。

しばらくして後藤課長の言った言葉は「判任官」であり、公務員が天皇の官吏であった時代の旧官吏制度における職制区分のひとつで、高等官（勅任官・奏任官）の下に位置する等級を示す名称と知った。

私は公務員としての仕事を、新規採用の者がわずかな人数しか配属されない地方局から始められたことは本当に幸いだったと思っている。本省では上司に数多くの「上級職」がいてとりたてた存在ではないが、地方局では数は少なく何事につけても「幹部候補生」であることの自覚を迫られたからである。つまらない仕事、配慮を欠いた仕事をすると、仕事が終わった夕刻、課の中のソファに集まって行われる「飲み会」で、「君たちはいずれ我々の上に立つ人間だ。それがこんなことでは困る」と、ある時ははっきりと、ある時は間接的に諭された。その場には新人は私ひとりしか居なかったが、それでも常に「君たち」であった。つまり、「幹部候補生」のあり方を常に指導していただいたのだ。

北海道で、当時は数少ない大学生として大切にされ、青春をのんびりと過ごしてきた者に、突然「上に立つ者の自覚」が備わるわけにはいかなかったが、1年間とはいえ繰り返しその立場にいることを教えられたことは、そのようなことを予想もしていなかった私に自覚と責任感を芽生えさせるきっかけとなった。

（3）君は本になっていることを、国が金をかけて調べると思っているのか

私の配属先は「企画課調査係」であり、港湾を整備することが必要となる経済活動や物流活動を調査することが仕事であった。

新人研修も一段落したころ、課長から「河川砂利の輸送実態」についての調査を命じられた。河川敷から採取されたコンクリートの粗骨材としての砂利の輸送が、「過積載」や「乱暴な運転」でたびたび事故を起こしており、「ダンプ公害」として社会問題化しつつあった。これを海上輸送に切り替えられないかを明らかにすることが調査の目的であった。

課題を出されてから数日後、「飲みにでも行くか」と課長から声をかけていただいた。私はこの機会にと思って「先日の調査のためには、どんな本を読んだらよいでしょうか」と質問した。考えに考えた「気の利いた質問」のつもりだった。しかしその答えは厳しかった。「君は本になっていることを、国が金をかけて調べると思っているのか」。

学生時代、課題を与えられればまず「文献調査」から始めた。それは調査研究の基本的な動作であった。だから何の疑問も持たずに尋ねたのだ。しかし私はこの一言で、学生生活と社会の違いを知った。同時にこの一言のおかげで、以後「国の役割」とは何か、「この仕事は、国がお金をかけて手掛けるのに相応しいものか」を常に考えるようになった。

マスコミでは繰り返し「公務員の無駄遣い」が批判される。しかし、巨額の公共事業費（この表現も誤解されやすい。令和5年度の政府予算では公共事業予算は全歳出の5・3パーセント6兆6００億

円であり、最も大きい分野は社会保障関係費の約37兆円、32パーセント強である）を扱う官庁ほど、会計検査院をはじめとするチェック機能が働いて自らを律しており、私は公務員生活を通じて組織内での「無駄遣い」を感じることはなかった。しかし、退官をして団体に勤務するようになって、何度か腹立たしく思う経験をした。

私は港湾関係の団体が資金を出し合って港湾の広報を進める仕組みの責任者を務めていたのだが、そこにたびたび「？」と思われる案件が持ち込まれた。たとえばある港が企画する「港まつり」に我々が持っている広報予算の1割にもなる「〇百万円の支援をしたい」などという申し込みである。あるいは講演会の講師に破格の謝金を払うなどである。そのたびに私は申し出てきた担当者に言った。「申請のあった金額は、広報予算全体のXパーセントに相当する。近所の夏祭りのためにあなたの年収のXパーセントを寄付してくれと言われたらあなたは協力するか。当然しないだろう。なぜ自分の金の場合は拒否し、団体の金なら構わないという判断をするのか」。生活感覚でダメなものは社会でもダメなのだ。

（4）大学を出ていながら、こんな計算もできないのか

新人の1年間は、研修が次々とあり本格的な仕事をした時間は少ない。それでも前記の「河川砂利の輸送実態」の他に、「ダンボールの輸送実態」「自動車航送船の将来予測」など多くの調査案件に取り組むこととなった。

「自動車航送船の将来予測」は1年目の最後の調査であった。そのころ、工場で生産された乗用車はトレーラーによって各地に運ばれるのが通常であった。しかし、自動車の普及によって需要は全国に広がり、各地に海上輸送で運ばれるようになってきた。埠頭には広大な車の仮置き場（カープール）が必要となり、これまでの貨物埠頭では十分に対応できなくなる。そこで、この輸送形態が将来どこまで伸びるかを明らかにすることが調査の目的であった。

調査は年度末の3月の初めに完了して、調査報告書を全国の関係機関に発送することになった。その許可を局のナンバー2である技術次長のところに取りに行き、私の上司が内容を説明したときのことである。技術次長がもらした「ほう、将来はこんなに増えるのか」という一言で、私は全体の予測とそのブロック別の配分の計算でミスをしていることに気づいた。

報告書は刷り直しとなった。その費用が、当時の私の給与の9カ月分に相当することにも責任を感じたが、何よりも高校生ですら間違えないような計算のミスをしたことのダメージが大きかった。部屋にじっとしておれず、トイレに立ち部屋に戻ったときに室内から聞こえた「大学を出ていながらこんな計算もできないのか」という大きな声に、部屋の入り口で凍りついた。責める調子ではなく「馬鹿なミスをしたものだ」という同情的なニュアンスだったのだが、私にとってはとどめの一言であった。仕事が終わっても家に帰る気にもならず、近くの横浜港の高島埠頭に行き、ボラード（係船曲柱）に腰を下ろし、暗くなった海面を見つめながら「私の公務員人生もこれで終わった。短かったな」と思った。

失敗をしたのは私であるにもかかわらず、刷り直しが必要になった理由の説明はおろか、印刷の再発注を用度課などにした記憶がない。すべて上司の係長が処理をしてくれたのだと思う。そのうえこのような失敗をしたからといって、処罰的な人事をするような上司はおらず、しばらくして「４月から本省に行ってもらう」という内示を受けた。

この出来事は、部下の失敗に上の者はどう対応すべきなのかを教えてくれた貴重な体験となった。

（５）何だこれは！　土方の日記ではないか!!

前述の大失敗の処理も終わったころ、「４月から港湾局の計画課に行ってもらう」という人事異動の内示を受けた。数日後にまた内示があった。「海運局の外航課に直接行ってもらう」ということだった。これがそれ以降、繰り返し他省庁に出向するという私の「出向人生」のスタートとなった。当時は同じ運輸省の中でも港湾局以外に配属になることも「出向」扱いであった。いかに「港湾一家」の意識が強かったかを示している。

こうして１９６５（昭和40）年４月から３年間海運局外航課で仕事をすることとなった。引継ぎの時に、港湾局で２年先輩にあたる前任者は恐ろしいことを言った。「外航課にいても君のキャリアに何の意味もない。だから君の仕事は毎日昼休みに港湾局に行き、一日も早く戻してくださいとお願いすることだ」。

とんでもないところに来たと思ったが、仕事が始まってみると刺激に満ちた職場であった。

当時の海運局は、乱立して経営破綻寸前の状態にあった日本の外航船社を、法律により６つのグループ（六中核体）に集約して効率化を図り、助成措置もこのグループに集中するという荒療治を成し遂げたばかりで、優秀な事務官が集まり、緊張感と活気に満ちていた。

私の仕事は、外貨を稼ぐために日本の商船隊を増強することであった。当時日本の国際収支は、貿易収支が大きな赤字、それを少しでもカバーしようと貿易外収支で外貨を稼ぐことを狙いとしていた。現在であれば貿易外収支の大きなものは金融取引であり観光収支であるが、当時はその分野は育っておらず、外航海運の運賃収入で少しでも外貨を稼ぐ必要があった。そのために将来の貿易量を予測し、目標の運賃収入を実現するために日本の商船隊が運ぶ量を決め、それを可能とするための船舶を低利融資や利子補給の仕組みを持った「計画造船」という助成措置で整備することであった。

この仕事を担当したおかげで、日本の貿易輸送の全体像を知ることができた。さらに、技術系の職員は局内にたった２人という事務官僚の世界で、彼らの仕事ぶりも間近に見ることができ、得がたい経験となった。

海運局では全職員が関わる仕事があった。毎年７月20日の「海の日」に出す「海運白書」の執筆である。１年目は先輩の原稿の清書で訓練されて、２年目には自分の担当分野の原稿を執筆する。執筆者は海運局の局・次長、全課長で構成される編集会議（局議）で原稿を読みあげ、諸先輩の意見を聞き、書き直す。

２年目のことである。私が執筆した原稿を読み上げると、海運局長が即座に「何だこれは！　土方の日記ではないか‼」と発言した。緊張が部屋に走ったが、上司の住田正二外航課長が「彼は土方ですから」とタオルを投げ入れてくれて、爆笑の内に審査は終わった。ちなみに「土方の日記」とは、その日の現場の「人夫○人、セメント○袋」など動員数を記した「現場の出面表」のことで、事実だけが記録されており何の情緒も無い文章をいうらしい。今日では「土方」は不適切用語とされて「土木作業員」と書かねばならない。しかし私も「土方」のひとりとして「土木作業員」などとは呼んでほしくない。「土方」「舟方（海運業）」「馬方（陸運業）」などは、プロとしての誇りが込もった呼び名だからである。

原稿は書き直しとなったが、自分の非力ゆえに「港湾局が笑われた」と強く感じて、申し訳なく思った。その日から文章をいかに書くかの教本を読み、新聞のコラムなどで気に入った文章をスクラップし、あるいはノートに書き写して、文章の書き方を訓練した。

その訓練が役立ったのは、海運局の後に第五港湾建設局（五建、名古屋市）に異動して、２年目に企画課補佐官（課長補佐）になってからのことである。企画課補佐官の仕事のひとつに、外部から局長に依頼されるさまざまな原稿の代筆があった。補佐官になって1年ほどたったころ伊勢湾全域の港を対象とした「広域港湾構想」を発表したため、原稿依頼が局長に殺到した。ワープロなどのない時代で、同じテーマで何度も書かねばならないのは退屈な作業になりかねなかった。そこで文章の書き出しをあるときは官庁文書風に、あるときは名古屋港の発祥ともなった「熱田の渡」の紹介から始めるなどの工夫をした。さらに、何かひとつ新しい図や表も工夫して加えた。そうやって退屈さを避けた。しかしおかげで、局長には大変好評であった。

「土方の日記」と言われたこの話には後日談がある。五建の4年間の勤務の後、経済企画庁に2年間勤務し、次いで港湾局計画課の補佐官となった。そのころ港湾局は港湾整備5カ年計画を繰り上げて改訂したいと考えており、その必要性を説く文章を企画担当の補佐官であった私が書いた。そして予算省議でその文書を読み上げげた。読み終わると徳永正利運輸大臣が「この文章は良くできている」と印象を口にされた。大変な名誉である。同席していた官房長は海運局時代に「彼は土方です」とタオルを投げ入れてくれた住田正二氏であった。「土方の日記」から大臣のお褒めの言葉をいただくまで8年余がかかっていた。

（6）現場を意識しない机の上の仕事が、どんな苦労を現場に強いるのかよく見てください

話が前後するが、運輸省に入って3つ目の職場は、五建の設計室であった。大学を卒業してすでに5年もたっており、「応力」「歪」等という工学系の基礎的な単語も不安を感じながら口にする状態だった。しかし幸いなことに1968年に「港湾構造物設計基準」が日本港湾協会から出版されていたので、それを自ら購入して寮でひとつずつ調べながら設計業務をこなしていた。

担当した設計のひとつに、清水港の村松岸壁（現在の富士見岸壁）の延長工事があった。鋼管を組み合わせたデタッチド栈橋構造の岸壁で、工事はすべて海上工事になるのだが、設計をしている時にはそのことはあまり意識になかった。

設計会議も無事通過して施工することになったある日、清水港の工務課長から「工事をするから、事務所に来て現場を見ないか」とのお誘いを受けた。「夕方、仕事が終わってから清水に来るように」とのことだったので、おめでたくも、前の晩に慰労の席でも用意してくれるのだと考えた。しかし清水に着くと、すぐに工事事務所の寮で簡単な夕食をすませ、「夜半過ぎに起こしに来るから直ぐに寝るように」と言われた。いぶかりながら床に就いた。そして深夜に起こされ、現場に連れて行かれた。

清水港にはまだ国の直営部隊が残っており、たくさんのお年寄りが照明も十分でない海上の足場の上でコンクリートを運ぶ一輪車（ネコ）を押し、コンクリートを打設している。唖然として見ている私のそばに工務課長がやって来てこう言った。「工事の時期（季節）を考えずに潮汐表の数字だけで設計すると、工事が可能な潮位は真夜中にしか現れないことを見落とすのです。現場を意識しない机の上の仕事が、どんな苦労を現場に強いるのかよく見てください」。

コンクリートの締め固めのためのバイブレーターなどはまだ普及しておらず現場に1台しかなく、竹竿を渡されて皆と一緒にコンクリートの締め固めをしながら、自分の未熟さをつくづくと思い知らされた。作業が終わって案内してくれた日本平から見た日の出とともに、生涯忘れることのできない記憶である。

このことは、設計のみならずさまざまな仕事を計画するときに、現場での作業の展開を頭に描く習慣のきっかけとなった。その時の工務課長は、私が採用直後に勤務した二建の企画課で事業係長をしていた人であった。直接の上司ではなかったが、それから5年経っても、かつて同じ職場に新人として入ってきた者の教育は自分の仕事と考えてくれていたのではないかと思う。

そうした中で私は育てられた。本当に幸いだった。しかしそれは私だけではない。五建の名古屋港工事事務所に配属になった私の大学のクラスメートは、「士官学校出身の戦車隊長」の話を繰り返し聞かされたと語ってくれた。

戦車隊の陣形は、指揮官が半身を外に出して中央の戦車にのり、指揮官車を先頭にして楔形で前進して敵の陣形を崩さなければならない。ところが士官学校出身者が指揮官として先頭の戦車に乗ると、恐怖心からいつのまにか指揮官の戦車が最後尾となり、陣形はV字型となって戦いにならない。上級職（いわば士官学校出）の者は心せよという話だった。

（７）自分が最後の責任者であれば当然ですよ

入省から14年たった１９７８（昭和53）年５月に、三全総の仕事を終えて国土庁から運輸省に戻って港湾局の開発課の補佐官となった。

翌年、アルゼンチンのプンタ・メダノス港の開発調査の内容を決めるコンタクトミッションとして、アルゼンチンへ出張することになった。海外技術協力のための「国際臨海開発研究センター（ＯＣＤＩ）」は１９７６年に設立されていたが、コンタクトミッションは港湾局の職員が中心となって編成された。団長は日本港湾協会の岡部保理事長が予定されていた。

早速、予定されている団員でアルゼンチン政府に出す調査企画書（プレリミナリーレポート）を作成し、手を入れていただくために岡部団長のところにお届けして後日いただきに上がることとした。

岡部理事長は若いときに二建の企画課長をしておられた。冒頭に述べたように私の最初の勤務地はその二建の企画課であった。そこでたびたび話題になるのが数代前の企画課長であった岡部保氏であった。企画課長時代に岡部さんは「机はいらない」と言って、終日ソファに座っておられたという。

私は入省7年後に経済企画庁に出向して、総合開発局長を務めておられた岡部さんに直接お仕えすることになった。さまざまな案件で局長のご意見を伺うことがあった。そのような時、案件の内容を報告すると、ポイントを2、3質問されるだけで資料をご覧になろうともされずに「後は君に任せる」とおっしゃるのが常であった。

だから、アルゼンチンの調査企画書をいただきに上がったときも2、3の修正で、「後は任せる」と言われることを想定して港湾協会を訪ねたのだが、返された原稿は全編真っ赤に筆が入っていた。あまりの意外さに「岡部理事長はこのようなことはなさらないと思っておりましたが」と、大変失礼な感想を述べた。返ってきた岡部さんの回答は「自分が最後の責任者であれば当然ですよ」というものであった。その回答は衝撃的であった。同時に、直前に出向していた国土庁で、各省への意見照会をする10万字を超える「三全総」の最終案に対して、下河辺局長が自ら全文に筆を入れておられた姿を思い出した。下河辺さんも「三全総の最終責任者は自分」と考えてのことだったと思う。

私がそれ以降、一建局長、港湾局長の時代にも、そして港湾協会に行っても、「局長がそこまでやらなくとも」とか、「トップが細かいことに手を出すと部下がやりにくい」と非難されながらも文章を直し、資料の体裁にまで注文をつけたのは、この岡部さんの一言と下河辺さんの姿を通じて、「最善の成果を外に出すのが組織のリーダーの責任」ということを教えていただいたからである。豪胆であることとずさんを取り違えてはならない。

（８）甲羅の色がはっきりしない人間が生き残れるほど霞が関は甘くないのだよ

国土庁に計画官として3度目の出向をして3年後、１９８７（昭和62）年、四全総の作業も終わって私が運輸省に戻ることが決まっていたころのことである。総合研究開発機構（ＮＩＲＡ）の理事長をしておられた下河辺さんと、農水省からかなり以前に経済企画庁に移籍をして、その時は国土庁地方振興局の審議官をしていた吉村彰さんという方と私が車に乗っていた。吉村さんは私を「計画屋」とみて過分の評価をしてくれていた。

その吉村さんがこう言った。「栢原君は国土庁に残って、国土計画を担っていくと思っていましたよ」。その言葉に対する下河辺さんの言葉が、表題の言葉である。

「甲羅の色がはっきりしない人間が生き残れるほど霞が関は甘くないのだよ」。ここで「霞が関」とは「中央官庁の世界」というほどの意味だろう。そしてこう続けた。「僕なんか、いまもって建設省の建築屋なのだよ」。

はっきりとその言葉の意味が理解できたわけではないが。何かこの言葉の持つ厳しさのようなものを感じて、「どういうことですか」と聞かないままに今日に至っている。お２人ともすでに亡くなられていて、「どのような意味か」を確認することもできない。単純に霞が関では「計画屋」などという職種、立場は存在しない、認められていないということだったかもしれない。計画づくりの面白さに取りつかれた人ほど「計画屋」と自称し、そう見てくれることを求めていたからである。そうではなく、どの分野であっても周辺から信頼されるほどの専門性を身につけていなくては中央官庁の世界で仕事はできないということだったかもしれない。

正確に理解したかどうか分からないが、しかしこの一言は私にどのような局面に立とうとも「私はひとりの港湾屋」という意識を忘れさせないでくれている。そこに立つことによって、目移りのするさまざまな選択肢の中から必要なことを選ぶことができて、今日に至っていると思う。

（９）今日からは人様のお世話をすることが仕事と考えなさい

１９９０（平成２）年に第一港湾建設局（一建、新潟市）の局長に就任したころから、私の公務員人生は思わぬ展開をすることになった。若い時に経験する工事事務所の所長の経験がなかったために、「現場も知らないで技術次長が務まるのか」と皆に心配されながら、羽田空港の沖合展開事業や常陸那珂港の建設などのビッグプロジェクトを抱えていた二建の技術次長を務め、調子が乗ってきて仕事がまさに面白くなったときに、突然第一港湾建設局長に昇格となった。

それまでの何代かの一建局長が、一建より規模の大きい二建や第三港湾建設局（三建、神戸市）へ異動していたために、１年も務めれば他局に異動すると考えてくださる人もいたが、二建、三建局長に就任している先輩と年次が近過ぎてそれはあり得なかった。だから一建が公務員人生の最後の職場と考えて、思い残すことがないように気づいたことはすべて実行した。そうしているうちに一建局長としては異例の長さの3年間弱を勤務して、当時は港湾局長のルートと考えられていた港湾局担当の官房技術審議官となって本省に戻ることになった。一建の仲間は手放しで喜んでくれたが、私自身は予想もしていなかった人事の展開に驚くと同時に、港湾局長には必須の経験とされていた予算担当の計画課長も組織担当の建設課長の経験もなく、不安が大きくなるばかりであった。

港湾局担当の官房技術審議官に就任して各方面に挨拶回りをしていた時である。皆が「おめでとう」と言ってくださる中で、全日本漁港建設協会会長の坂井溢郎さんだけが少し違ったことを言われた。

「皆が祝ってくれるだろう。しかし君は偉くなったわけではない。今日から港湾局の職員、港湾事業を受注して工事をする施工業者、港湾局に関係する人々のお世話をすることが君の仕事なのだということを忘れないようにしなさい」。

私は小学校1年生の時に父を病気で失った。小学校3年生の兄を筆頭に幼い4人の子供を抱えた母は子育てに不安を感じたのか、末弟がキリスト教会付属の幼稚園に入ったことをきっかけにキリスト教に入信し、我々子供たちも教会学校（日曜学校）に通うようになった。聖書に書かれた物語は幾度となく聞かされ、ほとんど頭に入っている。だから坂井会長が「偉くなったと勘違いしてはならない。皆のお世話をすることが君の仕事」と言われたときに、聖書の中に書かれているひとつの話が頭に浮かんだ。

ある日、キリストの12人の弟子たちは、弟子の中で誰が一番偉いのかを議論し始めた。その弟子たちに向かってイエスは言われた。「あなた方の中で偉くなりたい者は、皆に仕える者になり、一番上になりたい者は、皆の僕《しもべ》になりなさい」（日本聖書協会「新約聖書（新共同訳）」マタイによる福音書20章26〜27節）。

坂井さんの言葉どおりトップの仕事は「組織」に仕えることであり、そこに連なりあるいは関係する人々のお世話であった。当然のことだが君臨することとは程遠く、何よりも大変孤独な立場であることを日々経験することとなった。

私の人生を変えた言葉 その1

「お宅の息子さんは天才だ！ 神童だ！」

人の生涯には、その言葉が語られたことによってその人の人生が大きく転換するようなことがある。

私は小学校入学の年、肋膜炎から肺浸潤を起こして入学が1年遅れ、1947（昭和22）年に父の勤務の関係で住んでいた神戸市の小学校に入学した。その後、父は新しく誕生した労働省の熊本労働基準局長となり、一家は熊本市に住むこととなったが、翌1948年に父が病没したために、我が一家は母の実家のある東京に引き上げてきた。

東京で私が転校したのは品川区立大井第一小学校である。ちなみに大井第一小学校は我々の四半世紀後に拉致被害者の横田めぐみさんが学ぶことになる小学校である。

入学を1年遅らせたものの虚弱体質は変わらず、小学校の時代を通じて体操の時間はすべて「見学」であった。夏になってもプールに入ることもできなかった。学校の勧めもあって小学校4年生の春学期、秋学期は、静岡県沼津市にある「東京都立片浜養護学園」に預けられた。しかし、目覚ましい変化はなかったように思う。小学校を卒業すると学区域内の品川区立伊藤中学校に進学したが虚弱体質は変わらず、周辺はほとんど小学校時代の仲間であったために、彼らは私を虚弱児として扱い私もそれに甘えていた。

しかし、あるとき、思いもかけないことが起こった。

中学校の担任は社会科の教師であったが、「開校以来、私の試験で１００点を取ったものはいない」と繰り返し語り、それが先生の一番のご自慢らしかった。「それならば」と思った記憶はないのだが、社会科は私の好きな科目だったこともあって試験の結果は１００点だった。私にとっては「アレッ？」という感じであったが、担任にとっては言葉どおり「開校以来の出来事」であった。

試験からほどない6月の中旬、父母会が開かれた。出席した母親に担任は「お宅の息子さんは天才だ！　神童だ！」と言ったらしい。親は自分の子供が褒められれば喜ぶものだが、私の母親は少し変わっていた。父母会から帰ってくるなり、「お前が天才や神童であるわけはない。この学校にいてもろくなことはない。明日から学校に行く必要はない」と宣言した。すでに述べたように父は亡くなっていたから、我が家では母親の決定がすべてであった。だから私は、最初の中学校には1年生の6月の半ばまでしか行っていない。

転校先は、兄が寄留して通っていた大田区立大森第六中学校であった。この転校が、私を虚弱児から普通の中学生、あるいは人並み以上に健康な中学生に変えることとなった。

大森六中は、都立高校への進学率が高く、そのために学区域外から多くの中学生が集まっていた。その数も半端ではなく、1学年１３００人、全校生徒数４０００人弱というマンモス校であった。1クラス80人を超えるクラス編成で、「暴力教室」まがいの乱れの兆候があった。校長は立派な教育者であったが、それを心配されたのか、「大田区立中学校連合体育大会」という陸上競技の体育大会で、「10年連続優勝をする」という目標を掲げ、８年目を迎えていた。

大会で活躍できる選手を見つけ出すために毎月「記録会」という記録測定会が開かれ、長距離走、短距離走、走り高跳び、走り幅跳び、三段跳びなどの記録を計り、優秀な生徒はほぼ全員が陸上競技部に入れられた。コーチである体育科の教師も、マンモスをイメージさせるところから「モスさん」と呼ばれる巨漢の先生を中心に大勢おり、加えて当時陸上競技では圧倒的な強さを誇っていた中央大学の陸上競技部から学生が5、６人コーチに来ていた。

転校の日は「長距離走」の記録会の日であった。すでに在校していた私の兄は長距離走で校内トップクラスの選手だった。そこで担任は弟も速いと勝手に決めつけ、出場させられることとなった。クラスメートが私に声をかけてくれた。「栢原、トレパンは持ってきたか？」。運動等したことのない私は「トレパン（トレーニングパンツ・体操着）」という言葉を知らなかった。「パン」というので、競技の前に腹ごしらえのために食べるパンと思い込み、その友に聞いた。「持ってこなかったけれど、階段下のパン屋でこの時間でも売っているかな」。階段下に昼食用のパンを売る売店があった。皆に馬鹿にされたと思うが、記憶にない。

学校のある洗足池から多摩川丸子橋間を往復する6キロほど、息も絶え絶えに完走はしたが記録は全校でビリであった。しかし、別の日に開かれた「短距離走」「走り幅跳び」の記録会では成績が良く、陸上競技部に入ることになった。そしてスパルタ訓練を受けることとなった。

虚弱児が厳しい練習に耐えることなど不可能と思っていたが、体の変り目だったのか、もう「虚弱児」

などいやだと思っていたのか、厳しい練習を耐え、１００メートル×４リレーと、短距離では最も過酷と言われている４００メートル走の候補選手となった。２年生後期からは、大田区の大会はもとより東京都の大会に出場するまでになった。東京都の大会は、太平洋戦争終盤の１９４３（昭和18）年10月21日に「出陣学徒壮行会」が行われた「明治神宮外苑競技場」で開かれた。

３年生の時（１９５５年）には「第一回全日本中学校放送陸上競技大会」にも出場した。中学生が全国を旅行することは無理だったためにＮＨＫの放送網を利用して行われた競技大会で、全国46都道府県（沖縄はまだ日本に復帰していなかった）の競技場で同時刻に競技し、ＮＨＫの放送網で記録を集計するというものであった。運輸省に勤務するようになってからこの話をすると、何人かの人から「私も○○県で出ていました」という話を聞き、お互いに昔を懐かしんだ。

「お宅の息子さんは天才、神童」という、担任が悔し紛れに言った一言と、それに真逆の反応をした母の決断が私の人生を変えた。かつての虚弱児は人並みあるいは人並み以上の体力の人間となった。母の決断は私を健康にしようとしてのことではなかったが、その後の仕事人生の中で、予算折衝や国土計画の各省調整など、体力勝負の仕事を人並みにこなし得たのは、このときの母親の決断のおかげだったといまでもその乱暴とも言える決断に感謝をしている。

片浜学園１学期修了の記念写真（3列目右から２人目）

陸上競技部時代（明治神宮外苑競技場）。後列左から２人目が私。虚弱児のイメージそのもの

第2章　忘れ得ぬ人々

優れた人の存在もまた、その人とのおつき合いのすべてを通じて私を育ててくれた。小学校から大学に至る学校での学びの時代から、社会人となってから一人前の仕事ができるようになるまでの間に、実に多くの人々からたくさんのことを教えていただいた。

ここでは、私が社会人となってから一人前の仕事ができるようになるまでの間に薫陶を受けた恩人、苦境に陥っているときに手を伸べて共に戦ってくださった、忘れ得ぬ人々のことを語りたい。

第1節　下河辺淳氏――常に最善の成果を求める

下河辺淳氏
（写真提供：山根一眞氏）

（１）新聞紙上での出会い

１９６２（昭和37）年のことだったと思うが、札幌で学生生活をおくっていた私は、新聞紙上に次のようなことを伝える写真入りの記事を見つけて強く印象に残った。「経済企画庁の下河辺淳という調査官が、全国各地から押しかける新産業都市、工業整備特別地域の指定をもとめる陳情をひとりで裁いている」。記事を読みながら私は「官庁には凄い人がいるのだ」と思った。まさかその9年後にその方に直接仕えることになり、それ以来氏が亡くなられるまで40年以上もご指導をいただくことになるとは夢にも思わなかった。下河辺氏との出会いがなければ、私の人生は全く異なったものになっていたに違いないと思うと、感謝してもし尽せないものがある。

「新産業都市」「工業整備特別地域」についてはいまでは歴史のかなたの事柄であり、若い人たちが耳にすることも目にすることもまれだろうから、少し解説をしたい。それは私たち地味な裏方であった港湾集団が、突然表舞台に立ち脚光を浴びる存在になった出来事でもあるからである。

１９６２（昭和37）年に閣議決定された我が国初の国土開発計画「全国総合開発計画（一全総）」では、国土を開発する戦略（全国総合開発計画ではこれを「開発方式」と呼んでいた）として、乏しい資源を有効に活用するために、全国に都市開発拠点、産業開発拠点を指定してそこに集中的に資源を注ぎ、その影響を受けて周辺も開発していこうとする「拠点開発方式」をとった。産業開発拠点の具体策が「新産業都市」であり「工業整備特別地域」であった。

このような地域指定の制度を実施しようとすると、全国各地がその指定を得ようと政府に猛烈に働きかける。「新産業都市」や「工業整備特別地域」では、その選定作業の中心にいたのが下河辺氏であった。激しい誘致合戦の結果、後に伺った下河辺氏の話によれば水島（岡山県）と鶴崎（大分県）の２カ所程度を想定していたにもかかわらず、指定は全国に及んだ。「四大工業地帯」のある太平洋ベルト地帯は外すことにしていたのだが、その巻き返しも激しく、「工業整備特別地域」の制度が追加された。結局、全国に21の地域が指定されることになり、そのうち新産業都市の「松本諏訪地区」を除く20地域が、臨海工業地帯の形成を中核とする開発計画であった。港湾は各地で脚光を浴びた。

（２）吉田茂神話と開発の神様

その後、下河辺氏は１９６９（昭和44）年に閣議決定された「新全国総合開発計画」の策定作業の指揮を執られたことから、いつしか「開発の神様」と呼ばれるようになった。

「神様」と呼ばれる所以のひとつに「吉田茂神話」がある。下河辺淳氏は１９４７（昭和22）年に東京帝国大学の建築学科を卒業され、戦災復興院で公務員としての人生をスタートされた。翌年の1月に戦災復興院は旧内務省国土局と統合される形で建設院となり、その後建設省となった。

建設省のころ、「世銀からの借款にふさわしいプロジェクトを探せ」という吉田茂総理（１９４６～47年、48～54年内閣総理大臣）の課題に答える局長のお供をして、下河辺氏は大磯の吉田総理の私邸に伺うこととなった。その時に総理に見込まれて「今後は局長が来るに及ばず」と言われ、以後大磯には下河辺氏がひとりで何度も伺うことになった。吉田総理の後も、時の総理の信頼は続き、阪神・淡路復興委員会委員長をはじめ、重要な政府の委員会では常に中心人物であった。
公務員としては１９７９（昭和54）年に国土事務次官を最後に退官された。

（３）経済企画庁での日々

１９７２（昭和47）年４月、32歳の時に私は五建から、経済企画庁総合開発局開発計画課に主査として出向した。下河辺氏は総合開発局の参事官だったが、その６月には局長になられた。

経済企画庁の２年間は、初めて触れる分野の仕事ばかりで大変面白かったが、私が仕事に役立ったという手応えを感じることはなかった。嫌な記憶はひとつとしてなかったが、局長に満足していただけたという記憶もなかった。何度挑戦しても、局長から求められるレベルに自分は到底達していない、むしろ厳密さを欠いた対応を注意されたり、からかわれるばかりという記憶しかなかった。

仕事のひとつに港湾審議会への対応があった。当時の港湾審議会は開発行政を担当する省庁の事務次官が委員として名を連ねており、経企庁の場合には総合開発局長が次官の代理を務め、局の筆頭課長の総合開発課長が幹事であった。

ある時、秋田県の船川港の計画が審議会にかかることになった。局長室に入り「船川港の港湾審議会の案件でご意見を伺いに来ました」と言うと、局長から「船川港？　どこにあるの」と尋ねられ、私は「秋田港の上です」と答えた。すると局長は「ほう、港湾局も空中に港湾をつくる時代になったのかね」と言われ、私は急いで「秋田港の北西です」と言い直した。下河辺さんは建築屋だから、からかいながら「世界の七不思議のひとつ」と言われている「バビロンの空中庭園」のような姿の港を想像していたのかもしれない。またある日、港湾計画図を広げて説明をしていると「君が港湾局に帰る時には、雲形定規を餞別にあげよう。港湾局は貧しくて直線定規しかないようだから」と言われる。意味が分からずに「ありがとうございます」などと間の抜けた返事をしたが、局長の言いたいことは「防波堤も埋立地も、なぜこうも単純な直線なのだ。国土を造ると言いつつ、自然の国土にこんな直線の地形などないではないか」という批判だったのだ。

（４）「東京湾六省庁会議」の思い出―「はしごを外されて、懸垂力で持たないの？」

次の出来事は特に印象が強烈で、その後私も何度もその気持ちと言葉を利用している。

開発計画課での私の担当業務のひとつに、東京湾の開発案件を調整するための「東京湾六省庁会議」があった。この数年前に川崎市と横浜市にまたがる「扇島の埋立計画」が紛糾したことから創設された次官級の事前調整の会議であった。

この会議に運輸省港湾局から電力立地のための富津の埋立計画が持ち込まれた。局長の意見を伺いに行くと、「港湾局はどこまで東京湾を埋め立てれば気がすむのか。経企庁は反対と表明せよ」とのご指示である。まずいことになったと思った。港湾局出身の私にとっては、親元に弓を引くことになる。案の定、会議に出て「反対」を表明すると、会議が終了して間もなく港湾局の担当責任者、勿論私より年次が上の先輩から電話がかかってきた。「なぜ反対するのか」と言うのだ。かなりのやり取りが続いた。私は饒舌で、先輩はとつとつと語る方であった。ついにたまりかねたのか先輩は「禁句」を口にした。「君はどこから経企庁に行っていると思っているのだ！」。

そのとき私は、いま思い返しても背筋が寒くなるような答えを口にした。「ちょっと待ってください。私は現在経企庁の職員です。その者に向かって出身官庁をあげて議論を進めようとなさるなら、議論になりません。電話を切らせていただきます」。そして、本当に電話を切った。

港湾局は出向者に辞令を交付するときに「出向先の組織の職員となって全力で仕事をせよ」と申し渡すのを常としていた。出向先の職員として頑張っているならば、たとえそれが港湾局に都合の悪いことでも、懲罰的な人事などしないというのが港湾局の伝統であった。自らの組織の力に自信がなければできないことであり、港湾局の立派さに感謝する以外にない。実際、こんな生意気なことを言う者を港湾局は見捨てもせずに、経企庁の年季が明けると本省の計画課に異動となった。

富津に話を戻すことにしたい。

進展しない議論に困った当時の友納武人千葉県知事が、下河辺局長を訪ねてきた。しばらくして、六省庁会議の幹事を務めていた総合開発課長と一緒に、私が局長室に呼ばれた。「富津の案件には賛成することにする」というご沙汰であった。私はホッとした。しかし、私が港湾局との間で苦闘していたことを知っていたためか、熱血漢であった課長は憤然として抗議した。

「局長！　我々を屋根に上げておいて、はしごを外すとはおかしいじゃないですか！」。

その抗議に対する局長の言葉は、生涯忘れられない言葉となった。局長はこう言ったのだ。

「君たち、はしごを外されて懸垂力で持たないの？」」。

局長が方針を切り替えた理由には、さまざまなことが考えられる。「君子は豹変する」という言葉がある。本来の意味は豹の紋様がはっきりとしているように、君子が変わる時は曖昧さを残さないということらしいが、今日では君子（立場の高い人）は、くるくる意見を変えるという意味に使われている。しかし、考えてみれば当然である。立場の高い人ほど見える世界は広がり、情報も集まる。君子＝リーダーの役割は、状況の変化に柔軟に対応して、より良い回答にもっていくことであると思う。論理的に正しいことだけで仕事が進むならば、これほど簡単なことはない。生身の人間が担当することもない。

私はその後、幾度となく、より良い方法が見つかれば、他の組織に迷惑をかけない限り部下が「懸垂力」で持つことを期待して、たとえ実施５分前でもやり方を変えた。ひどい上司と思われたに違いない。しかし、肝心なのは仕事の成果である。

事程左様に、経企庁での2年間は仕事人としては誇れることはおろか、自分自身でも手ごたえを感じたことはなく、二度とこの人の下では仕事をしたくないと思い、打ちのめされた気分で港湾局に戻った。意地悪をされたということではなく、この人に満足してもらえるような仕事は自分には到底できないと納得したのだった。

（５）再び同じ組織へ出向

港湾局計画課の1年間はあっという間に過ぎた。そして3月末に、「お座敷がかかったので、４月から国土庁に行ってもらう」という内示を受けた。１年で異動はないだろうと思っていたし、計画課での仕事もしっかりとやっていると思っていたので「なぜ？」という気持ちが強かった。

１９７３（昭和48）年に入り、「日本列島改造論」を掲げた田中角栄内閣の下で経済企画庁の総合開発局をコアに国土総合開発庁を設置する作業が進んでいた。しかし世間は開発バブルの引き起こした土地問題で騒然としており、土地問題の解決のために急遽「国土庁」と名前を変えて新しい組織がスタートした。国土庁では従来のさまざまな開発計画のみではなく、その前提となる「国土利用計画」を策定することとなっていた。

経企庁総合開発局は国土庁計画・調整局となった。かつての開発計画課は計画課となり、１課長１調査官２補佐、職員数20名弱だった組織が、１課長５計画官の組織となり、課員も50名を超える大きな組織となっていた。私はそのような巨大な組織に1年遅れで加わった。課長補佐は６人いたが、総括課長補佐の私の年次が一番若かった。

計画課の主要な業務は、国土利用計画と全国総合開発計画をつくることであった。発足後直ちに手をつけたのは「国土利用計画」であったが、「土地班」と「土地局」が作業の中心であった。他の者（班）は仕事がなく、そのために総括補佐の仕事は大所帯の平和を保つことにあった。「平和を保つこと」については説明が必要だろう。

１９６０～70年代（昭和30年代後半から40年代）に、四日市や川崎の「ぜんそく」、「田子の浦ヘドロ問題」など、高度経済成長期のツケともいうべき「公害問題」が各地で顕在化していた。そうした時代に閣議決定された「新全国総合開発計画（新全総）」は、そこに計画された大規模開発プロジェクトはいまだ調査の段階にあったにもかかわらず、理不尽なことに「新全総」が各地の公害問題の犯人として批判を浴びていた。

私が経済企画庁に出向したのは１９７２（昭和47）年であるが、その前年に新全総は総点検作業を行うことが審議会で決定され、「大都市問題」「工業基地問題」など総点検８項目が明らかにされていた。総点検作業は、テーマごとに調査官、室長などが主査を務めるチームを編成して進められた。経済企画庁時代に「大都市問題」「土地問題」の２項目の総点検作業中間報告が発表され、残る項目は国土庁に引き継がれた。

国土庁は１９７４（昭和49）年６月に発足したが、計画・調整局には間もなく新しい全総計画の作業にかかるであろうという思惑から、各省から優秀な人が送り込まれていた。しかし下河辺局長は「いまは新しい全総をつくる時ではない。君たちは勉強をしていなさい」と言って一向に腰を上げない。一方で「新全総の総点検作業」では、局長がこれという職員を選んで少人数のチームをつくり、自らが議論をリードして作業を進める。これでは仕事の声が掛からない者の不満が募って当然である。

そこで補佐の重要な仕事のひとつが課の平和を保つこと（ガス抜き）となった。

国土庁には各省庁の他に国鉄（後のＪＲ）、電電公社（後のＮＴＴ）などからも職員が派遣されており、人事異動は不規則かつ頻繁に起こった。そこで職員の異動のたびに送別会を計画して六本木に繰り出した。六本木にも、探せば我々も利用できるような安く雰囲気のよい店がいくつもあった。秋には観光バスを仕立てて職員の家族も参加して河口湖までの旅行会も計画した。課内を収めることに苦労した各班の補佐仲間は親しくなり、その交わりは今日まで続いている。

「第三次全国総合開発計画（三全総）」の策定作業が始まったのは国土庁発足から2年もたってからである。

（6）「三全総」「四全総」での仕事

計画策定作業は、まず計画の取り組むべき課題について総括班、フレーム班、産業班、都市班、土地班（農林水産班）、国土基盤班といった作業チームからのヒヤリングから始まる。それぞれの班が計画官の指導の下に課題を列挙し、それを局議で議論をして、計画の課題を整理する。

下河辺局長は昼夜ともに忙しく、局議はしばしば夜の9時や10時ころから始まった。議論は局長が気づいたことや疑問を担当者にぶつけて進んでいくという形であった。その場合、前列に居並んでいる各課の課長、時には計画官も外されて、その後ろに控えている課長補佐や担当者に議論が向けられた。その緊張感にたまりかねたひとりの補佐が、課長や計画官が出席していない会議で「我々ではなく経験豊かな課長の意見も聞いてください」と局長に注文をしたところ、「彼らは頭が固まっているから意味がない」と、当人たちが聞いたら怒りかねない答えが返ってきた。

第三次全国総合開発計画の作業は１９７６年の秋ごろから本格的に始まり、ほぼ1年後の１９７７（昭和52）年11月に閣議決定された。この三全総の作業中に「全国の市区町村長の全総計画への要望の調査」や「四国西南地域の計画文の執筆」など、忘れられない仕事もあるが、それは第2篇で「四全総」での仕事とともにお話ししたい。

（７）仕事を離れて

〈「グループＡＳＵ」で学んだこと〉

「三全総」が閣議決定されて港湾局に戻り、開発課に勤務していた１９７９年2月、下河辺さんを中心とした「グループＡＳＵ」という勉強会に加わるようにお誘いをいただいた。

この会については、昭和61年1月23日付の日経新聞「交遊抄」でメンバーのひとり岩波映画製作所社長の高村武次氏が次のように紹介している。

「名神高速道路ができてまだ間もない約20年余り前、当時、道路公団の企画にいた松本洋さんや高速道路の標識をデザインした泉真也さんなど、若い「グループＡＳＵ」のメンバーたちがヨーロッパやアメリカ各地を5カ月間走りまわって、リポート代わりに各国の道路と都市開発の動きを映画に撮ってきた。……幸い、映画は「世界の道路と都市」という新鮮な情報に満ちた3部作にまとまった。いまは各方面で活躍しているグループＡＳＵのメンバーは映画完成後から現在までずっと世界のインフラや建築のユニークな研究会を続けていて、下河辺さんはかくれたボスであり、私も映画のとりもつ縁でその研究会に加えてもらっている。」

メンバーは高村武次さん、松本洋さん（国際文化会館専務理事）、泉眞也さん（つくば博、愛知万博などをプロデュース）に各地の大型開発プロジェクトを手がけていた梅澤忠雄さんなどその分野のトップクラスの方ばかりであった。私が加わった1年後に、後に「メタルカラー」で有名になった科学ルポライターの山根一眞さんが加わった。最後まで私と彼が最年少メンバーであった。

メンバーは世界を舞台に活躍しておられる方ばかりだったので、誰かが海外出張から帰国するとその報告を聞くために集まった。それぞれの分野の先端で活躍する方々が目をとめた世界の動きは、当然ながらとても新鮮で刺激的であった。

毎回の報告も私の好奇心を満たしてくれたが、同時に勉強になったのはメンバーの写真の撮り方であった。自ら撮影してきたスライドは、どれも撮影の意図が明確なものばかりであった。別の表現をすれば、この1枚で何を説明するかはっきりと意識しながらシャッターを押しているという感じだった。単に「珍しい」「美しい」という目線で撮った写真は、画面が散漫で他人に何かを伝える迫力がないということを学んだ。

私は聞くばかりではと思い、１９８０（昭和55）年に財団法人の国際臨海開発研究センター（ＯＣＤＩ）に出向して初めて現地調査に行ったインドネシアのイリアンジャヤ州（ニューギニア島の西半分）の現地の人々の生活の様子と我々調査チームの生活の様子を紹介した。イリアンジャヤ州は私たちが調査に入った20年ほど前に、アメリカのロックフェラー財団の御曹司マイケル・ロックフェラー氏が現地住民に殺害された（おそらく食べられてしまった）とうわさされている広大な山岳ジャングル地帯で、熱帯マラリアと猛毒を持つグリーンスネークの危険地帯であった。住民の多くは裸・裸足で、空港の土産物ケースの中には現地住民が狩りや部族間の争いに実際に使っている殺傷力のある「石斧」と、美しく細工を施した民族衣装ともいうべき「ペニスケース（コウタカ）」が並んでいた。

我々調査チームの宿（ゲストハウス）は木造のコッテージで、外に置かれたコンクリートの水槽にためた雨水で洗面・水浴（マンデー）をする生活であった。桶で水槽の縁をたたくと、ボウフラが驚いて沈む。そのすきに上澄みを汲んで利用した。現地の人々がどのような家に住んでいるのか見る機会はなかったが、ゲストハウスの状況から想像してもさらに原始的な生活環境ではなかったかと思われる。報告を聞いたグループＡＳＵのメンバーの印象は「頼まれても行きたくない」というものであったし、いつもの彼らの報告内容と比べても私の報告は石器時代の名残のような画像ばかりだった。

〈秋田湾の大規模工業開発計画の着工を巡って〉

１９７９（昭和54）年度予算の概算要求のときの出来事である。

秋田県の小畑知事が「秋田湾大規模プロジェクト」の着工予算を求めてきた。「秋田湾大規模プロジェクト」は「新全国総合開発計画」の中で苫小牧東部、むつ小川原、周防灘などとともに大規模な臨海工業地帯を建設するという構想であった。秋田湾で中核となる産業は製鉄と石油コンビナートであった。

当時すでに我が国は2度のオイルショックを受けて、重化学工業化政策の転換を余儀なくされ、「重厚長大」から大きく産業構造が変わると議論されていたときであった。今日であれば、誰もがその状況の中での鉄鋼、石油を中核とした工業基地建設のための港湾工事の着工はおかしいと思うだろうが、その変化があまりにも急激であったこともあってこのリセッションは一時的なもの、再び高度経済成長の時代が来ると考える人も多かった。

概算要求を議論する局議の場で、臨海部の開発計画に責任をもつ開発課の酒見尚雄課長は秋田湾の着工予算に強く反対した。反論したのは予算要求の責任者である計画課長ではなく、大久保喜市局長であった。「港湾管理者である秋田県が要求している以上、港湾局が要求しないということはあり得ない。それが港湾法の精神である」というのが局長の意見であった。2人は他の課長が口を挟めないほどの激しい議論を続けた。国土庁から開発課の補佐官に戻っていた私は、反対する酒見課長が正しいと思うものの一言も発することができなかった。悩んだ末、その夜の9時ごろ、数カ月前までお仕えしていた国土庁の下河辺局長に電話をして意見を求めた。まだ帰宅しておられなかった。12時前に再度お電話をしたが変わらなかった。

深夜の1時過ぎだったと思う。下河辺さんから「たびたび電話をもらったようだが、何か困っているのか」という電話をいただいた。事情をお話してご意見を求めた。

「それは酒見君の判断が正しい。予算は要求すべきではない。でも……」と下河辺さんは話を続けた。「でもそれでは秋田県知事は困るだろう。大久保君も立場がないだろう。だから、計画位置で『大プロ着工』と思わせる規模の技術開発の実証実験をやってはどうか。予算は大きくなっても調査調整費で面倒をみる」。

「着工のイメージの現地実験」は関係者が協議して新型防波堤となり、全額（漁業補償費を除く）が国土庁所管の調査調整費で賄われた。費用は10数億円かかったが、そこで開発された「前面傾斜堤」「消波スリット式防波堤」などの新しいタイプの防波堤の技術は実用化されて、他の工事で活用されている。

すでに自分の組織を離れた元の部下に対する配慮がありがたかった。また、酒見課長、秋田県知事、そして港湾局長など関係者すべてに配慮した解決策を深夜にもかかわらず直ちに考えてくださった下河辺さんのすごさに感動した。

〈かつての部下を心配してくださって〉

下河辺さんの記憶はまだまだ多いが、最後にかつての部下を本当に心配していてくださったというエピソードをひとつ紹介したい。

１９９４（平成６）年６月29日、私は港湾局長となり、その翌日に亀井静香氏が運輸大臣になられた。港湾局長となった数日後、ご挨拶に下河辺さんの事務所を訪ねた。「君のような経歴の人間が組織のトップになることは、僕としてもとても嬉しい。思う存分やることだね」と励ましてくださったのちに、「ところで運輸大臣は誰になったの」とお尋ねがあった。「亀井静香先生です」とお答えして、話題は別のことに移った。

久しぶりにさまざまなことを話したが、別れ際に下河辺さんは突然「栢原君、人生には長いものにまかれることが必要な時もあるよ」とおっしゃった。何のことなのか分からなかったが、しばらく日を置いてから、私が亀井大臣と衝突することを心配してくださったのだと気づいた。下河辺さんも亀井静香先生は苦手だったのかもしれない。

（８）下河辺さんと司馬遼太郎さん

40年の間に教えていただいたことも多く、お世話になったことも数限りがない。しかし、だから忘れ得ない人なのだというと、そうではないという気持ちが強くする。教えていただいたとかお世話になったということではなく、常にそのオーラの中に包み込まれて育てられていたという印象である。「仏像の前に立つとその慈愛の光に包まれている感じがする」と言う人がいるが、それに近いのかもしれない。あるいは孫悟空がいかに張り切っても「気がつけばお釈迦様の掌の上」といった感じかもしれない。それは「能力を超えられない」ということではなく、常に下河辺さんの世界の中で育んでいただいたという感じである。

そのようにお世話になっていながら、「下河辺さんという人はどのような人か」と問われると、自信をもって答えられるものがない。

下河辺さんは人の話を丁寧に聞く方であった。若い人の未完成の話でも忍耐強く聞かれた。そしてその情報が下河辺さんのなかで熟成して外に出てくる。そのようなことを思い返しながらある時「下河辺さんは多面体。人の意見を美しく反射するミラーボールのような方」と表現したことがある。しかし考えてみれば「ミラーボール」は中が空である。失礼なことを言ってしまったと反省している。

「下河辺さんは、相手によって言うことが変る」と批判する人がいる。これはよく分かる。彼は我々に「国土計画は、その時の国民の国土に対する夢。我々はその夢を掘り起こし文章にする、しがない計画屋」と語っておられた。私はこの言葉は謙虚さを装っているのではなく、本当にそう考えておられたと思っている。だからある人が国土計画のある部分に感動して「ここはこうですね」と言えば、下河辺さんはその夢を膨らませようと「そうなんだよ」と言い、解説をされる。また別の人が、同じ個所に別の夢を膨らませて問いかければ、その時も「そうか」と受け止めて、解説をして夢を広げてくれる。自分の夢を押しつけるのではなく、人が見た夢をより良い方向に誘導するということがご自分の役割と考えておられたのではないか。

「下河辺さんを一言で語ることはできない」という悩みを抱えている時に、司馬遼太郎さんが書かれた『坂の上の雲』の中にヤコブ・メッケルの人物像の記述を見つけ、そこに下河辺さんが重なって見えた。下河辺さんと司馬遼太郎さんは、風貌も似ているが考えも近いのか、局長室で長時間お２人が話している姿を時々見かけた。霞が関から南へ２キロ離れた狸穴のかつて貯金局の庁舎であった重厚な建物は、廊下は暗く、天井は高く、異次元的な雰囲気があって、２人の姿がよくマッチしていた印象がある。

司馬さんは『坂の上の雲』の中で、明治時代に我が国の陸軍の近代化のために来日したドイツ帝国の軍人メッケルについて、「もし戦術というものが精密な計算を第一過程としてしかもそれから離れて成立する芸術的直感力の世界であるとすれば、ヤコブ・メッケルの家系にはそういう才能の血が流れているのかもしれなかった。」（司馬遼太郎『坂の上の雲』文春文庫８　３５８頁　あとがき六）と書いている。

これを読んだときに、この「戦術」を「計画」に、「計算」を「情報」に置き換えれば、それが下河辺さんそのものではないかと思った。

「もし計画というものが精密な情報を第一過程として、しかもそれから離れて成立する芸術的直感力の世界であるとすれば、下河辺さんにはそういう才能の血が流れているのかもしれなかった。」

私のような頼りない部下の話でも忍耐強く最後まで聞いてくださり、そしてそれがいつの間にか下河辺さんの理想の中に組み込まれていく、そのような人が下河辺さんであった。

私の人生を変えた言葉 その2

「この集団は君でないとまとめきれないと考えたのだよ」

「三全総」の打ち上げの日、下河辺局長が語ってくださったこの一言によって、私はそれまで私を支配していたコンプレックスから解放された。

国土庁としての最初の大仕事であった「三全総」は、私が出向して3年後の１９７７（昭和52）年11月４日に閣議決定された。その打ち上げが局内の大会議室で開かれたときのことである。気がつくと下河辺局長がおられない。局に戻って局長室を覗くと、ひとりソファに座って考えごとをしておられた。

部屋に入り「お疲れ様でした。十分お仕えできなくて申し訳ありませんでした」と申し上げた。謙遜でもなんでもなく、事実そのとおりだった。開き直って言えば、下河辺さんに満足をしていただけるような働きのできる部下などいないと言ったほうが正確である。ところが、予想もしない言葉を局長から聞くことになった。

「そんなことはないよ。この集団は君でないとまとめきれないと考えたので、竹内君（港湾局長）に頼んで君に戻ってもらったのだよ」。

この一言で、わずか1年で元の職場に呼び戻されるという、３年前の不自然な人事の謎が解けた。と同時に、私の中で何かが変わった。

それまで私は、すべてに対して自信がなかった。周辺や同期生にはそうそうたる人が大勢いた。それに、もとより私は組織の幹部になろうなどとは思っていなかったが、「ハンモック番号」と言われた公務員試験の合格順位も、「二桁（99番以内）でなければ、公共事業御三家の道路、河川、港湾を所管する建設省、運輸省には採用されない」と言われた条件はかろうじてクリアしていたが、「一桁でなければ幹部にはなれない」という基準とは程遠かった。運輸省に無事採用されたものの、静かに過ごす以外にない。経企庁の2年間、国土庁の3年間、仕事は面白かったし、充実してはいたが、すでに述べたように自分が組織の役に立っているという自己肯定感は持てずにいた。そのころの私は、運輸省や国土庁の廊下を歩くときは、自然に壁際を歩いていた気がする。

しかし、下河辺さんの一言で、私にも人に認められるものがある、しかも誰しもが恐れすら感じる下河辺さんから、「君でなければ」と言われた。この一言で、私は私を支配していたコンプレックスから一挙に解放されることになった。自分の持っている力は変わらなかったが、下河辺さんの一言が無ければ、私はその後あれほど伸び伸びと仕事をすることはできなかったに違いない。この一言は私に自信を与え、人生を変えてくれた最大の言葉である。

いまでも私は、初めて下河辺さんに仕えた経済企画庁の2年間に、局長は何をご覧になって「君でなければ」と思ってくださったのか分からないでいる。すでに述べたように経企庁の2年間、局長に満足していただけたという印象は一度もなく、2年の出向が終わった時には、二度とこの人には仕えたくないと思って港湾局に戻ったほどだったからである。

第２節　岡本行夫氏―「生涯の友となりましょう」

金武町、辺野古を訪ねて
（撮影：岡本夫人）

外交評論家の岡本行夫さんは、最初に出会ったときに彼が言ってくれた「生涯の友となりましょう」という言葉どおり、ひとりの友人としてつき合ってくださり、素晴らしい友人を持つということがどんなに心を豊かにしてくれるかを教えてくれた人であった。

（１）ＯＫＩプロジェクト

１９９７（平成９）年１月、私が技術総括審議官のときであった。当時の橋本龍太郎内閣は、住宅地に囲まれて、小学校や幼稚園が航空機の進入路近くに位置しているために、何度か航空機の部品の落下事故が起きて危険が叫ばれている沖縄の米軍海兵隊の普天間基地を、日米の合意事項として北部の辺野古に移す計画を進めていた。

官邸が推していたのは、5000億円をかけて浮体（メガフロート）で基地をつくるという案であった。埋立工法も当然考えるべきものであったが、総理の前では埋立の「う」の字も言えないような雰囲気にあったという。それは、ある時橋本総理が「埋立のほうが安いのではないか」と疑問を投げかけたときに、総理秘書官のひとりが「埋立工法だと関西国際空港の二の舞となります。工費は軽く2、3兆円にもなるでしょう」と、総理の考えを否定したためということであった。

この篇の第2章の橋本大二郎高知県知事の項で紹介しているとおり、橋本龍太郎氏は技術を語ることがお好きであり、かつご自分は技術に強いと自負されていた。それをにべもなく否定されたために、それ以後、総理の前で埋立工法を口にするのはタブーになってしまった。

橋本内閣の官房長官、梶山静六氏は土木技術者であった。彼も総理と同じことを考えて埋立工法の検討を岡本行夫総理補佐官に命じられた。そして事務次官会議で運輸省に協力するようにと指示があった。次官会議から帰庁した黒野事務次官は、技術総括審議官の私に作業を進めるように命じた。

沖縄本島では中城湾港をはじめ、リーフ（環礁）の発達した沿岸部での埋立工事の事例は多かった。データは豊富で、埋立工法の検討は私単独でも可能であった。しかし、と私は考えた。梶山さんの故郷茨城県には世界最大の堀込港湾の鹿島港がある。計画段階から梶山さんはこのプロジェクトのよき理解者、熱心な応援者であり、港湾局の持つ海洋土木の実力をよくご存じだった。彼が運輸省に検討を命じたのは港湾局を念頭に置かれてのことと考えられた。そこで私は港湾局に検討を依頼することにした。

数日後、港湾局から回答があった。「運輸省は亀井静香元大臣、二階俊博メガフロート議連会長のもとで、浮体工法を推している。運輸省の組織である港湾局が、試算とはいえ埋立工法の検討をすることはできない」。

唖然とした。面倒だと考えた担当者が思いついた断るための浅知恵だとすれば、つい最近まで港湾局長だった私の権威も落ちたものだと、苦笑いをする以外になかった。しかし、担当者ではなく上司の判断だとしたら、辺野古移転は日米の合意であり政府の課題である。お2人の大政治家が理解しないということは考えにくい。大政治家に対してこんな失礼な「忖度」はない。「燕雀安くんぞ鴻鵠の志を知らんや」ということになりかねない。

港湾局に再度依頼することも考えたが、埋立の概算工費の試算であれば私にもできることであったので止めた。ちょうどそのころ、私が技術構想力については港湾社会随一と見ていた稲垣紘史君が運輸省を退官したばかりだったので、彼に協力を求めた。1週間ほどして、彼は素晴らしい知恵に富んだ構想を描き、費用の試算もしてくれた。

その案は、陸上からの流入土砂と、リーフ内の海水温の上昇のためにほとんど死滅していたサンゴ礁を利用し、埋立と浮体（桟橋）を組み合わせたハイブリッドの案であった。かつ燃料輸送のための艦艇が出入りする水路と、潮の干満を利用してリーフ内に流れをつくって海水温を下げ、サンゴ礁を再生させるという、夢に満ちたものだった。

それを持って私は岡本さんを訪ね、そしてこう切り出した。「運輸省は浮体を推奨しています。したがって、埋立工法の試算をすることはできません」。岡本補佐官は、静かに「分かりました。申し訳ないことをお願いしました」と答えた。私は言葉を続けた。「以上で運輸省の公式の回答は終わります。しかしこれでは岡本補佐官を助けよという梶山官房長官の課題の回答になりません。そこで、これからお話しすることは栢原個人の試算としてお聞きください」と断って、我々の試案を説明した。岡本さんは黙って聞いていたが、説明が終わると突然立ち上がって私の両手を握り、「栢原さん。今日ほど私は感動したことはありません。霞が関にも、省益よりも国益を考える人がまだいたと知って感激しています。生涯の友となりましょう」と言ってくださった。いくつかの岡本さんの著書を読むと、このころ岡本さんは「総理補佐官」という新設されたポストに戸惑っていた関係省庁との間で、協力が得られず相当苦労をしておられたことが分かる。そのことが、岡本さんの言葉になったのではないかと思う。

さて、上記の案について岡本さんは朝日文庫『岡本行夫　現場主義を貫いた外交官』の中で（270―271頁）次のように紹介している。

「何日か後、栢原さんは省外の友人たちに作ってもらったといって1枚の設計図を持ってきてくれました。僕は唸りました。メガフロートの要素もくい打ちの要素も埋め立ての要素もすべて入ったうえ、ヘリポートの周りにうまく水路を造ることによってサンゴを育成するという天才的な案でした。米軍ヘリポートとしての役割が終わった後は、植栽すればそのまま自然公園になります。地元にサンゴの造礁研究センターを併設すれば世界でもユニークな海洋科学の場所になる、と夢が広がりました。早速、梶山さんのところへ持っていきました。彼は顔を輝かせて設計図に見入ってから言いました。「補佐官、素晴らしいね。将来、必ずこの案が必要なときが来る。それまで大切に金庫にしまっておこう」。

梶山さんは金庫に歩いていきました。梶山さんがあのまま元気でおられれば、必ずあの案が使われていたであろうと、僕はいまも確信しています。」

この案は、その後、岡本さんも加わって検討を加え、最終的には岡本、栢原、稲垣の３人の名前の頭文字をとって「ＯＫＩプロジェクト」と名づけられた。岡本さんは絶筆となった自伝『危機の外交』の中で、「幻の理想案」としてこの案の利点を詳しく説明している。岡本さんは最後までこの案を世の中に語り続けた。実現の障害となったのは防衛庁（省）の誇りだったのではないかと語っていた。

「生涯の友となりましょう」という言葉どおり、総理補佐官を辞めて時間ができると、２人で時折飲みに行った。ウィスキーのこと、岡本さん流オンザロックのつくり方、ヨットのことなど楽しい話は尽きることはなかった。その間にも、沖縄のこと、埋立工事のこと、日本の建設業の実力のことなど鋭い質問がいくつもあったし、海洋写真家や元国会議員の秘書など、彼の友達も大勢紹介してくださった。

２０１１（平成22）年1月31日の産経新聞「人界観望楼」に岡本さんが紹介された「『現場力』が日本を支える」と題する論説も、その１カ月ほど前に２人で忘年会をした時に私が語ったことに、岡本さんが海外での体験を重ねて書いてくださったものだ。私はこの日、浮体構造を強く推しながら造船が好況になると最終段階で突然姿を消してしまった造船業界にさんざん翻弄されながらも、埋立と桟橋構造というハイブリッド工法を推して工事に挑んだ建設業と鉄鋼業の共同企業体が、現に供用中の羽田空港という大変な制約下で41カ月という短期間で工事を完成させたことに感激をしていた。そしてそれが可能だったのは、日本の建設業者が単に仕事を請け負うという気持ちではなく、発注者（国）とほとんど同じ気持ちになって重要な社会インフラをつくっているのだと考えている「社会的使命感」ではないかと話したのだ。岡本さんは論説の中で次のように語っている。

「よくわかる。……経済協力の現場を海外で見るたびに、実施主体であるＪＩＣＡやプロジェクトに参加する日本企業の使命感に頭が下がる思いをしてきた。……現場では採算を度外視しても良いものを作ろうと休日返上で働く。……この現場力こそ日本の力である」。

（2）金武町の照明プロジェクト―石井幹子さんの協力をいただく

岡本さんと一緒に進めた沖縄のプロジェクトをもうひとつ紹介したい。

ある日、彼から電話があった。「誰か照明に詳しい人をご存じないか。沖縄振興の橋本プロジェクト第1号として、街灯が未整備のために米兵による女子小学生の悲惨な事件が起きた金武町の街灯整備事業を取り上げることになった。ところが町長が持ってきた案は全くの『街灯』。これでは橋本総理肝いりの振興プロジェクトが泣く」ということであった。

そこで私は照明デザイナーの石井幹子さんをご紹介した。石井さんは世界を飛び回る忙しいスケジュールの中、突然のお願いにもかかわらず引き受けてくださり、精力的に大変素晴らしい仕事をしてくださった。

私は「金武町の街灯プロジェクト」といっても、メインストリートの照明くらいだろうと考えていたのだが、対象は全町に及んでいた。石井さんは、海沿いの道路、街のメインストリート、小学校の周辺など、ロケーションによってデザインが異なる照明を考えてくださった。町の職員が、「東京に出張して夜沖縄に帰ると、上空からでも『あぁ、あれが私たちの町、金武町だ』と分かります」と嬉しそうに語るほど、街灯ではなく「夜道のライトアップ」とでもいうべき作品群であった。

岡本さんからは点灯式に一緒に行こうと誘っていただいていたのだが都合がつかず、後日、私が沖縄に出張した機会に金武町を訪ねることにすると、岡本さんもご夫妻で金武町に一緒に行ってくださった。町中の照明を見て、役場の方々と懇談をし、ブセナリゾートのホテルに泊まり、沖縄サミットの構想も聞かせていただいた。翌日は、奥様の運転する車で、辺野古を視察した。空港近くのレストランで彼のすすめで初めて食べた「タコライス」とともに忘れられない思い出のひとつである。

（３）希望の烽火《のろし》プロジェクト──東北の震災に何かできることはないか

岡本行夫さんは、優しい人だった。

２０１１年３月に起きた東日本大震災から１カ月ほどしたある日のこと、岡本さんから電話があった。

「被災地の写真を見るたびに、ひとりの日本人として居ても立ってもいられなくなる。何かしなければと思うのだが、あれこれあり過ぎて迷う。現地に入り、被災状況を直接見れば、何か我々にもできることに気づくのではないか。一緒に現地に行ってみよう」という誘いであった。

こうして4月30日から3日間、岡本さんの古くからの友人と、岡本さんの「水産に詳しい人を加えたい」という希望を聞いてお願いした元水産庁漁港部長の坂井淳さん、そして稲垣、栢原に、岡本事務所スタッフの科学者の冨士原由雄さん、秘書の澤藤美子さんの7人が現地に入った。

岡本さんの想像どおり、東京で映像から知る被災状況とは、状況もスケール感も違い、ただ息をのむばかりであった。津波を避けて人々が避難した高台は、下から見上げるとまさかと思うほどの高台にあった。それでも映像を見るとその崖下まで津波は押し寄せ、荒れ狂っている。記録映像に流れる「アーッ、アーッ」という言葉にならない叫び、「もうおしまいだ」と繰り返されるなまりの強い呟きが、耳によみがえった。岬の反対側の入り江に先に到達した津波が、地形によって街の山側から押し寄せるなどということを、誰が想像できたであろうか。

ある漁協を訪ねたときのことである。我々は漁船も漁具もすべて失われたと予想しつつ現地に入ったのだが、全国の漁業関係者のつながりは強く、漁船も漁具もすでに手に入っていた。「しかし」と漁協関係者は言った。「魚が獲れただけでは『漁業』にならないのです。商品化のためには冷凍倉庫が不可欠。ところが、それらはすべて津波で流され、再建には数カ月かかります」。

その話を聞いた瞬間、私の頭には海上輸送に使う「冷凍コンテナ」が思い浮かんだ。日本郵船の社外取締役をしておられた岡本さんも同じことを考えた。漁協関係者からは「それも考え、要望を出したのですが……」と、歯切れの悪い言葉が返ってきた。県の復興本部を通じたその要望は、冷凍コンテナが別の用途に使われると誤解され、食品も運ぶ冷凍コンテナのイメージの悪化を恐れた船社の協力が得られなかったらしい。当然のことで、船社の責任ではない。

岡本さんの動きは早かった。その場で日本郵船の幹部に電話をして、大量の冷凍コンテナの提供を約束していただいた。しかし、問題は他にもあった。送電系統も被災していて、電源がないことである。電源がなければ、冷凍コンテナを動かすことはできない。その場では解決策は出てこなかった。しかし「奇跡」は起こった。帰りの新幹線で乗り合わせた三菱商事の会長の姿を見ると岡本さんは事情を説明して、その場で大量の電源車の提供を約束していただいた。こうして「希望の烽火」プロジェクトがスタートした。

（4）BSフジ「プライムニュース」への出演

被災地を訪れてからひと月ほどたった6月になって、岡本さんから電話があった。「BSフジのプライムニュースに一緒に出てもらえませんか？」ということであった。テレビ局からは終わったばかりのG8サミットについての出演依頼だったらしい。しかし、この年のサミットは論評するほどのことはないと思っていた岡本さんはそれを断り、「希望の烽火」プロジェクトを含む、東日本大震災の復興に焦点を当てたテーマにするなら出演すると逆提案をした。そして岡本さんは私に、阪神淡路の震災の経験者として一緒に出ましょうと声をかけてくださった。

気軽に引き受けたものの、まさかこの報道番組が、シナリオも事前打ち合わせもなく、キャスターの反町さんが流れをつくりながら進める2時間通しのライブであるとは予想もしていなかった。私は阪神淡路と比較しながら、東日本大震災の問題点について述べた。

東日本大震災は、被害が広域に及んだこと、死者・行方不明者が22200人を超える(2024年3月11日現在)という被害を見ても大変な悲劇であったことは言うまでもない。しかしその復興の初期の段階で、県や国の判断、行動が悲劇をさらに拡大したと私は考えている。復興が軌道に乗ったのは、復興庁が発足し、多くの災害のプロが現地に張りついてからではなかったか。

被害を大きくした要因の第1は、復興の指揮を執る県庁と被災地とが離れていることであった。宮城県を除き、岩手県や福島県の県庁所在市が被災地から離れたところにあり、今回の震災の原因が揺れよりも津波であったために県庁周辺では被害もさして大きくなかった。地元市町村からも「県庁は私たちの痛みをなかなか理解してくれない」という声を多く聞いた。震災以前は国の地方出先機関は不要と主張しておられた地方行政改革の有力な論客であった福島県の立谷秀清相馬市長は、震災後は「国の地方機関と基礎自治体があれば地方はうまくいく。県庁は全く不要」と主張を変えたほどであった。

「痛み」が違うと私がまず感じたのは、政府の要請により各県が急遽出した復興プロジェクトのリストを見たときである。そこには「リニアコライダー」のように、震災以前から全国の道府県が誘致合戦を繰り広げている、およそ震災とは関係のないプロジェクトがリストアップされていた。震災復興を理由に誘致を有利に展開しようという思いが見え見えであり、現地が本当に何に困っているかは二の次という印象が強かった。復興後、地域がさらに発展していくためにはその研究施設の存在は有効なプロジェクトであったかもしれないが、現地が破壊しつくされ、被災者が今日明日をいかに生き延びていくかに悩んでいる時に、県庁が出すリストに挙げるべきものではないだろう。

悲劇を拡大した要因の第2は、被災地の地形である。阪神淡路大震災のときは、兵庫県、大阪府の大阪湾沿岸の都市地域が被災の中心であった。都市が連続したこの地域では被災の状況も似ており、神戸市での施策が沿岸の他の都市でも参考になった。

しかし、東日本大震災は異なった。被災地はリアス式海岸の奥に形成された街が多かった。地形に合わせて街が形成されており、「岬を回れば別の風景」であった。それぞれの被災地に合わせた復興政策が求められていた。被災地も人手不足できめ細かい対応ができないばかりでなく、地元に有力なシンクタンクは少なく、東京、大阪などから数多くのコンサルタントが地元に入り復興計画を策定した。力で押すような防災計画が多く、復興が終わった時には特徴のない街が出現することが予想される。

悲劇を拡大した第3の、そして私が最大と考えている要因は、災害の大きさに不釣り合いな政治家の発想により「がれきの処理」が円滑に進まなかったことだ。がれきの処理が進まない限り、復旧復興の事業は進められない。ところが、「焼け太りは許さない」、つまり「被災にかこつけて土木事業を実施してはならない」という発想と、「被災地の痛みを全国で分かち合うため、がれきの処理を全国で引き受ける」などという一見美しい政策から、がれきの処理に大変な時間がかかったことだ。私たちが秋に再度現地を訪れた時にもまだ、きれいに仕分けされたがれきが野積みされたままであった。

道路の啓開や港内・湾内の海上輸送路の啓開、倒壊した建物や構造物の処理、さらには復興作業のすべてに関わるのは土木・建築技術である。我々が大学で学んだ土木事業の要諦のひとつは「土の移動を最小にする」であった。トンネル工事は言うに及ばず、複雑な地形の我が国では高速道路１本を通すのに山を削り谷を埋めなくてはならない。そのときに発生するトンネルの掘削残土の処理、高速道路の切り盛りのバランスをいかにとるかが、建設費を抑え、工期も短縮して計画の良し悪しの決め手となる。震災時に発生するがれきはこの建設残土に相当

BSフジ プライムニュース（2011年6月14日）
「岡本行夫『緊急提言』東日本“復活”への道筋」

する。これをいかに迅速かつ安価に処理するかが復興作業の第一歩である。阪神淡路のときは、市街地の前面に広がる神戸港の大型船に合わなくなった水面を埋め立てる、あるいは急遽計画した新しい埋立地の埋立資材としてがれきを受け入れた。市街地の復興が円滑に進んだ最大の要因であると言われている。

東日本大震災の被災地はリアス式地形の奥まったところに多かった。前面は急深の地形である。ここにがれきを受け入れるための埋立地を計画すれば、護岸の建設には多少費用がかかったかもしれないが、小さな埋立地でも大量のがれきを受け入れることができたと思われる。「がれきの広域処理」などの費用とは比較にならない額であっただろう。加えて、海面の埋立のためには漁業補償が必要となるが、それを受け取る漁民は被災者であるから、漁業補償のお金は、確実に復興に役立つように使われたであろう。

「焼け太りは許さない」などという猜疑心にとらわれた発想におもんぱかって前面海域の埋立によるがれきの処理が実現しなかったことが、がれきの処理を長引かせ、どれほど被災地を苦しめたか。加えて「痛みを全国で共有する」という耳障りの良い政策のために、被災地の苦しみがどれほど長引き、無駄な国費が使われた事か。各省、各部門に配置されている土木技術者が、なぜその時に進退をかけてでも政治家と議論をしなかったのか、残念でならない。

倒壊した建物は個人の責任で処理という従来のルールでは先に進まないことに気づき公費で処理をすると決断した人々、異例の速さで港湾計画を改定して埋立地でがれきを受け入れる準備をした人たち、それぞれが自分の責任の範囲内で前例にとらわれずに施策を進めたことが、阪神淡路の被災地の復興を助けた。これらのことがいかに市街地の復旧に貢献したかを知っているだけに、東日本大震災の時のがれきの処理の迷走をかえすがえす残念に思う。

プライムニュースではそれらの思いを語った。番組の最後に出演者にひとことの感想あるいは提言を求めるのを常にしていた。私は渡された色紙に「官僚を使う」と書いた。放送後、被災地の数人の首長さんから「そのとおり」「よく言ってくれた」というコメントをいただいた。

東日本大震災の復旧、復興の過程を見ると、その初期段階では「政治主導」という言葉にとらわれて、「官僚は政策に口を出してはならない、ただ政治家の言うことを実行すればよい」とした政府の方針の影響がとてつもなく大きいと感ずる。１９７０年代、我が国の政党もアメリカのように政党ごとのシンクタンクを持つべきだという議論が起こった時に、「霞が関の官僚たちこそ最大のシンクタンク。政治家はそれを使いこなせばよい」と言った、田中角栄という優れた政治家がこの様子を見たら、何と言ったであろうか。

（５）岡本行夫さんとの別れ

岡本さんは２０２０（令和２）年４月24日に、新型コロナウイルス感染症のために亡くなられた。第一報は、先に紹介した辺野古プロジェクトで取材を受けた新聞記者からの電話であった。

「岡本さんが亡くなられたといううわさが流れていますが、本当ですか」。

それから2、3時間後にはすべてのテレビ局がそのニュースを流し始めた。

岡本さんについては心残りのことはたくさんある。岡本さんは「生涯の友となろう」と言ってくださったが、岡本さんの忙しさを思うと、私のほうから声をかけることは少なく、いつも岡本さんのプログラムに乗っていた。もっと飲み、話す機会を持てたのにと残念でならない。会えば必ずと言ってよいほど、新しい知恵、新しい発見があったからである。

岡本さんが亡くなる少し前の4月の半ばだったと思うが、いつものように岡本事務所から「サンデーモーニングに出ます。時間があったらご覧ください」というメールをいただいた。その数日後、「どうやら風邪を引いたらしい。関口さん（サンデーモーニングのＭＣ）に風邪をうつしてはまずいので、出演を取りやめます」という、岡本さん個人からのメールをいただいた。軽い風邪と思っていた私は、「お大事に」というお見舞いのメールも返信しなかった。それが本当に心残りである。

社会人となってからの男性のつき合いには、「同僚」、「大学の同級生」等々、何かバックグラウンドがついてまわる。しかし、岡本行夫さんとの交遊にはそのようなものが一切なかった。最初の「生涯の友となろう」という言葉どおり、お酒を飲むときも、ホームパーティに招いていただいたときも、さらには、思いもかけぬ「プライムニュース」に一緒に出たときも、「ともだち」であった。

この本の冒頭の、木下恵介監督の言葉が思い浮かぶ。「良い友人が欲しければまず自分自身が良い人になりなさい」。ここに私はもうひとつ付け加えたい。「その友人が、優しさ、人を信じる心、明るさを持っているかどうかが、あなたを受け入れてもらえるかどうかのとても大きな要素だ」と。

第3節　亀井静香氏―「神戸は俺と栢原という港湾局長とできちっと直したのだ!!」

日本港湾協会を訪ねてこられた亀井静香金融担当大臣
(2010年5月)

(1)亀井静香大臣との出会い

1994(平成6)年6月29日、私は港湾局長の辞令を受けた。

その翌日の6月30日に、野に下っていた自民党が長年の対立政党であった社会党と連立を組むという「鬼手」により政権に復帰し、村山連立内閣が誕生した。

前大臣と昼食を共にしてお別れと感謝をしようと、省議メンバーが最後の閣議から帰庁される前大臣を省議室で待っているときのことである。その場にいたメンバーたちの話題は、新大臣にどなたがなるかという事であった。ひとりが「運輸政務次官経験者で、まだ大臣になっていない方がひとりおられます」と発言すると、多くのメンバーが「あの方だけはやめてほしい」と同意した。その方が、亀井静香氏であった。私は亀井氏が運輸政務次官のときに国土庁に出向していたので、皆の発言の意味が分からなかった。

しかし多くの人の願望にもかかわらず、新大臣は亀井静香氏となった。ほどなく私は、新大臣は皆が言うように乱暴なだけではなく、極めて鋭く、また相手が何を語っているのか、相手の気持ちになって理解される人ではないかと考え始めた。

最初のきっかけは、職員を前にした就任の挨拶に関連する。新しい大臣が就任されると、大会議室に職員を集めて新大臣が就任の挨拶をする。亀井大臣は職員を前にして、次のような挨拶をされた。「霞が関の机に座って仕事をしている諸君は、荒波と戦いながら我が国の海の安全を守っている海上保安庁の職員、雨風に打たれながら観測を続けている気象庁の職員がいることを忘れてはならない。目線は常に下にとって仕事をせよ」。

10日ほど経って省議メンバーを対象とした大臣の招宴があった。会が始まると直ぐ、亀井大臣は出席者の前に膝を進め、ひとりずつにお酒を注ぎながら挨拶をされた。

私の前に来られたときに私は「港湾局長です」と自己紹介した後に、こう申し上げた。「大臣、波と闘い、泥にまみれながら全国で港の建設をしている職員のいることを、お忘れにならないでください」。すると大臣は即座に、「3つも例を挙げると、話が長くなるからな」と言われたのだ。私の一言が、就任のときの挨拶に対する注文であることを直ちに見抜かれてのことであった。暴れん坊だけではなく、頭の鋭い方であると覚悟を決めた瞬間であり、また相手が何を言いたいのか、相手の立場に立って話を聞かれる方だと思った。

(2) 大臣との「命懸けの」議論

数日後、大臣室に呼ばれた。

「港湾局は、55年体制の中でさんざん自民党の世話になっていながら、自民党が野に下ると、手のひらを返したように政権党にしっぽを振った。恩を仇で返すような港湾局は滅ぼす。そのために俺は来た。予算をまず半分にする」。予想もしないことであった。全く心の準備ができていなかった。しかし全国に3500人近くいる「私は港湾局の人間」と思っている職員の存在を考えれば、黙って引き下がるわけにはいかなかった。

そこで、気力を振り絞って大臣に申し上げた。「我々は技術屋集団で昔から政治的に器用ではありません。政治家とのおつき合いも得手ではありません。そのために予算要求などでも苦労をしており、それが我々現役の悩みです。政権が代わったからといってそちらにすり寄るなどということは考えられません」。すると大臣は、「俺が嘘をついているというのか」とおっしゃる。そこで、「嘘をついているとは申しませんが、私どもの印象とは違います」と申し上げた。

文字に書けば簡単だが、存在感が大きく、しかも政界の暴れん坊と言われている大臣と1対1で議論をするのには本当に勇気が要った。しかし、次に大臣が発した一言で、不真面目かもしれないが突然気持ちが楽になった。大臣はこう言われたのだ。「何を言うのだ。調べはついているのだ‼」。

その言葉を聞いた瞬間、私の頭の中に、お白州に引き出されている私と壇上で片肌脱いで桜吹雪を見せている大臣の姿が浮かんだ。逃げ出したくなる気持ちの一方で、頭の片隅ではこの大臣とはうまくやっていけると思った。

しかし状況は深刻であった。しばらくして次年度予算のシーリング（伸び率）が大蔵省から示されたが、港湾局予算は「大臣の指示」で、大蔵省案の半分の伸び率に削られていた。これでは予算要求ができない。大臣に面会を申し込むと、大臣就任のお祝いの来客の予約が一杯で時間がとれないという。ようやく15分の時間をいただき、港湾予算を担当する川嶋計画課長と海岸予算を担当する早田海岸・防災課長とともに大臣室に入った。

「大臣、これでは予算要求ができません。完成まで数年かかる公共事業の予算は、毎年前年度と同じ程度の配分があると考えて工程計画を立てています」。

「何を言うのだ。毎年同じと考えるのがおかしいのだ。時代は変わるのだから、時代によって事業別の予算も変わるものだ」。

「おっしゃるとおりです。しかし、そのような作業は公共事業全体を見直すなかで行ってください。港湾と港湾海岸予算だけ見直すというのでは、おかしくなります」。

途中から官房長も入った。さらに議論は続いたが「官房長、少し考えてやれ」という大臣の言葉で退室した。１時間は超えており、大臣室を出ると控室は来客で立錐の余地もない状況であった。その雑踏の中で官房長が私の耳元に「霞が関に亀井静香とまともに議論する人がいるとは思いませんでした」とあきれたようにつぶやいたのが耳に残った。

海岸事業については「海岸４省庁は常に横並び」ということに配慮されてぎりぎり横並びになるまで戻った。早田海岸・防災課長がやってきて「局長、ありがとうございました」と言って頭を下げ、しばらく頭を上げられないでいた姿が目に焼きついている。九州男児の彼は涙など見せたくなかったのだと思う。港湾事業については新たに公共事業として扱うことになった新幹線事業に回されていたために戻すことはできなかった。計画課長には力及ばず申し訳ないことをした。なお亀井先生はこの話が出るたびに、「二度の補正予算で消化しきれないほどの予算をつけてやったではないか。皆喜んでいるだろう」とおっしゃる。そのとおりかもしれない。しかし各省の予算が横並びで比較される当初予算の大きさは第３篇で述べる「Ｃグループの議論」の時と同じように、港湾局を志願する者の数にも影響する極めて重要な問題である。俗な表現になるが「店を張っている」「看板を掲げている」立場からは決しておろそかにできない問題なのだ。

（３）阪神淡路大震災――「３年は生ぬるい！　２年で直せ!!」

年が開けて１９９５（平成７）年１月17日に、阪神淡路大震災が発生した。

神戸市のみならず沿岸部の都市、社会インフラは大きな被害を受けた。港湾、道路、鉄道、河川などの基礎的なインフラの機能の一刻も早い復旧が求められた。神戸港も壊滅的な被害を受け、その影響は西日本の貿易活動、さらには国内からの部品等の輸送が混乱することによって、海外に進出している日本企業の生産にまで及んだ。

このとき大臣が亀井静香氏であったことは、本当に幸いだった。大臣は言い訳が何よりもお嫌いであった。できない理屈をいくら積み重ねても被災者は救われない。

ある日の運輸省の復旧省議の時である。被災した建物の安全性の確認のために近隣府県から応援に駆けつけている建築士の宿がなく、近隣府県から毎日ランチで通っているというニュースが流れた。大臣は海上交通局長に「宿泊施設を持つ大型フェリーを神戸港につけよ」と指示された。翌日の会議で大臣は「フェリーはどうなっている」と確認され、海上交通局長は「要請があればいつでも出せるように手配しました」と答えた。腰の重い海運会社に一晩で話をつけたのだ。私はよくやったと思った。ところが大臣からは雷が落ちた。「要請？　そんなものを出している暇が現地にあると思っているのか。空船を神戸港につけよ。そしてここに泊まれる場所がありますと伝えろ」。

なるほどと思った。大臣は就任の時に「相手の立場でものごとを考えよ（目線を低くとれ）」と訓示をされたが、ここでもそのとおりであった。「理屈はいい。目線を低くとって、まず行動しろ」という大臣の基本姿勢が、どれだけ被災地のためになったか。

「阪神淡路大震災」という、日本の港湾の中枢であった神戸港が大被害を受けた時に大臣が亀井静香氏であったことは、日本にとって不幸中の幸いであったと思っている。どの局面でも全体を見て方針を自ら発想をし、指揮をとってくださった。多くの人を指揮し、一言で動かす見事さに何度も感じ入った。

そのひとつが復興の目標時点である。震災後３週間ほどたった2月10日、港湾局は「兵庫県南部地震により被災した神戸港の復興の基本的考え方（第１次）」をまとめて、大臣の了解をいただきに上がった。その最終的な骨子は次のようなものである。

「１　港湾機能の早期回復
・応急復旧による港湾機能の早期回復・早期暫定供用の実施
・段階的な本格供用の実施
・概ね2年以内での港湾機能の全体的回復
・台風期までの第一線防波堤及び海岸保全施設の機能回復

２　港湾施設の耐震性の強化
・施設の重要度に応じた耐震性の向上（設計震度の引き上げ）
・構造様式の多様化（地震応答の異なる構造様式の組み合わせ）

・人工島との連絡路は、地震応答の異なる構造形式による多重化を図る
・岸壁の方向性を配慮した耐震強化岸壁の分散配置
３ 市街地復興との連携
・市街地の円滑な復興を支援するため、瓦礫を埋立材として利用する
・遊休化した臨港地区の港湾機能と連携した新都心形成
４ 国際拠点港湾としての復興
・ポートアイランド2期地区及び脇浜地区の再開発
・陳腐化した既設施設の再開発
・高規格コンテナターミナルや多目的バースの整備」

このうち、復興スケジュールについてふれている「１ 港湾機能の早期回復」の第3項目については、原案では「概ね3年を目途に港湾機能の回復を図る」としていた。これは「公共土木施設災害復旧事業費国庫負担法」の規定にある直轄施設2年、補助施設3年に沿ったものであった。しかし大臣は即座に「3年は生ぬるい。2年ですべてを直せ」と指示された。「法律の規定です」と話をしても聞いてもらえる方ではない。あらためて「大蔵と相談しましたが負担法どおり3年でと言われました」と申し上げようと考えて大臣室を退出した。しかし大臣は、私が部屋を出るとすぐに新聞記者を呼び込み、「神戸港は2年で直す」と宣言したのだ。主要紙の夕刊一面には「神戸港2年で復旧」の大活字が躍った。

後に、笹山神戸市長から次のような話を聞いた。「被災状況を見て外国の船社は、神戸港は10年間は使えないだろう。この際神戸から大阪あるいは横浜に拠点を移そうと考えていた。ところがひと月もたたないうちに2年で復旧と発表されて、それなら神戸港に残ろうと思いなおしほとんどの船社が残った。あの発表ほどありがたいものはなかった」ということであった。さらに、「港湾が2年で復旧するということで、河川も道路も2年で復旧することになり、全体の復興が早くなった」という話も聞いた。亀井静香という政治家のポイントをとらえる力の鋭さにあらためて感心をした経験である。

港湾局の全組織も頑張った。本省もすべての課がそれぞれの所掌事務の中に課題があり、その解決に組織を挙げて対応した。建設課の発想とその実現は、復旧事業を円滑に進めることのできたキーファクターである。

神戸港工事事務所を「震災復興事務所」に変え、所長の発注権限を100億円まで引き上げた。この事務所が担当していた大阪港の工事を「大阪空港工事事務所」を「大阪港湾空港工事事務所」に名称を変更して担当させることとした。全国の港湾建設局から100人を超える職員を神戸港に異動させた。それを受けての現地の頑張りもすごかった。

こうして大臣の宣言どおり2年間で神戸港の復旧事業は完全に終了した。

〈神戸は俺と栢原という港湾局長とで、きちっと直したのだ！〉

それから20年後の2015（平成27）年1月のことである。

「阪神淡路20年」を話題にＢＳフジの「プライムニュース」に、震災時の運輸大臣であった亀井静香氏と、前年の年末に亡くなられた震災時の貝原俊民兵庫県知事の代理として当時の知事公室次長が出演された。議論が進んだところで反町キャスターが、「神戸港は復旧のレベルを上げてガチっとしたものをつくりたかったが、運輸省が焼け太りは許さんと言って抑えたということを聞きますが」と問いかけたところ、亀井さんはきっとなって「誰がそんなことを言うのだ。名前を言え、名前を‼」と、懐かしいセリフを言われ、続けて「僕が大臣で、復旧ではない、復興だ、立派なものをつくれと言っていたのだ。当時の運輸省は、栢原という港湾局長が居て、その他の連中もまなじりを決してきちっと直したのだ」と言ってくださった。20年も経っているのに、である。復興のためにそれぞれの立場で全力を尽くした港湾局の職員は「栢原という港湾局長」のところに、自分の名前を入れて声に出してほしい。２年で復旧するためには想像を絶する苦労があったのだから。

プライムニュースの数日後お礼に伺ったところ「当たり前だろう。神戸は２人できちっと直したものな」と言ってくださった。本当に、良い大臣のもとで震災復興と取り組むことができたと思っている。

（４）技術総括審議官の誕生

亀井静香氏は運輸大臣に就任されると、航空機の客室乗務員（ＣＡ）の正規職員と非正規職員の格差の是正など、就任挨拶で述べた「弱い者の視点」を重視したさまざまな指示を出され始めた。

事務官と技官の差もそのひとつだった。就任後の各局の所管事項説明が間もなく始まったが、説明が終わると大臣が説明者に「事務官か技官か」を質問されることが話題となった。しばらくして「運輸省では技官が港湾局長あるいは船舶局長などの局長止まりというのはおかしい。運輸審議官を技官のポストとせよ」という指示が出たといううわさが省内に流れた。

運輸行政は、港湾、空港（航空）、鉄道、船舶、自動車、さらには気象と、技術に密接に絡む行政が多く、上級職の技官の数も平成９年半ばで１０００人余（気象を除く）と多かった。しかし異なる分野が接触する機会はほとんどなく「顔は知っているが……」という関係の希薄さであった。

官房長から「運輸省の技術行政を束ねる組織が必要か否か、早急に検討するように」との指示が出されて、技術各分野の次席が集まって協議を重ね、新設すれば行政の連携と幅の拡大のために有用であると結論づけた。問題はそこからであった。「必要というのであれば新設を認める。しかしスクラップする財源は技官系のポストの中から出すように」と言われ、この世界の厳しさを知った。当時の運輸省の技術系の指定職のポストは15、上級職の職員数に対して２パーセント弱という状況であった。ちなみに法文系は指定職のポストは50、対職員比率は10パーセント強であった。技術系の手持ちの指定職からはとてもスクラップなど出せる状況にはない。悩んだ挙句、残念だがこのポストの新設は諦めることにした。

しかしこう考えた。将来スクラップ財源ができ、「技監」といったポストをつくろうとしても、「かつて大臣の指示までもらいながら、自ら断念したのに何をいまさら」と言われればそれまでである。そこで格を上げることは将来の人たちに期待して、とにかく運輸技術行政を束ねるポストだけはつくっておくことにした。指定職の財源は港湾局の技術審議官をつぶすことにした。これに海上技術安全局の課長級ポストを加えて平成8年7月「技術総括審議官」（技総審）のポストが誕生した。新年度の予算が国会で承認されたのを機会に建設大臣をしておられた亀井先生のところにご報告と御礼に伺った。報告を聞き終わると大臣は「初代は誰にするのか」とおっしゃる。そこで考えていた条件をいくつか申し上げた。すると大臣は「ダメだ。ポストを考えた者が方向づけをして、初めて仕事は終わるのだ。君が責任をもってスタートさせよ」と言われた。次官とも相談をして私が初代に就任することとなった。

格付け上、次官級ポストにはならなかったが、このような経緯から、次官が交代した機会に黒野新次官から「運輸行政の全般は私が、国際問題は運輸審議官が、技術行政は技術総括審議官が担当し、この3人で運輸行政を進めていく」という発言があり、省議の席次も大臣・次官の左右に運輸審議官と技術総括審議官が座ることとなった。

技総審の業務については手探り状態であったが、技官同士が食堂で会っても「運輸省の人」であるとは思っても名も知らない状況をまず改善したいと思い、隔週にそれぞれの分野の技術のトップに集まってもらい連絡会議を開催することとした。また、技官同士が知り合うことが重要であった。そこで会議終了後は出入り自由の「サロン」を開設して、お互いの交流を図った。毎回各局の職員で賑わった。他分野の仕事内容を知るきっかけとして、船舶技術研究所、自動車安全公害研究所、港湾技術研究所、気象研究所など、付属研究所の所長会議も開催し、職員の見学会も計画した。

これらの会合が運輸省の技術行政の相互理解と一体化にどの程度役に立ったかははなはだ心もとない。しかし、ある技術幹部のひとりが退官するときに言った「技総審を中心とする活動に関わるようになって、私は運輸省の最後の1年間、分野の名前を冠した『○○技官』ではなく『運輸技官』であるという意識を持つことができました」という言葉が、何より嬉しかった。

具体的な仕事としては、「中・長期的運輸技術政策の在り方」の検討を進めた他、福井県沖で事故を起こした後、海底に沈んだ「ナホトカ号」の処理方法の検討を官邸の指示で扱ったことが印象深い。２年間の任期中に、ニューデリーで開かれたＥＳＣＡＰ運輸インフラ担当大臣会合や、ベルリンで開かれた世界ＩＴＳ（インテリジェント・トランスポート・システム）会議に、大臣の代理として出席することもできた。

（5）海底に沈むナホトカ号をどう処理するか

１９９７年1月に福井県沖でロシアのタンカー「ナホトカ号」が沈没事故を起こすと、流出した油の処理が終わった後に、重油約1万キロリットルを積んだまま海底に沈んだ船体の処理の検討が、官邸から運輸省に命じられた。技総審と技総審の世話をしてくれていた運輸政策局の技術安全課がその担当となった。各分野の専門家を集めた委員会を立ち上げて、同年3月には「ナホトカ号船尾部残存油対策検討委員会報告書」をまとめた。各委員には未経験の課題と熱心に取り組んでいただいたが、特に東京大学生産技術研究所の浦環《うらたまき》教授が開発を進めていた深海探査用のロボットの威力は大きかった。

結論は、水深約２５００メートルの海底に沈んだ船体は、海水温も低く酸素濃度も低いことなどから放置しておいても問題ないということであった。大臣に報告し、官邸（古川官房副長官）にも報告した後、記者発表をすることになった。ところが、技術安全課の課長が「技総審は新聞記者発表ができないことになっています。運輸政策局長が行います」と言ってきた。一番詳しい者が説明しなくてどうするのか。政策局長に相談すると、「かまいません。どうぞやってください」ということであったので、私が記者発表をし、かなりの時間の質疑にも対応した。すべてが終了した後に課長が言った「技官でも記者発表ができるのですね」という言葉が、それまでの運輸省の中で技官が置かれていた状況を示しているような気がした。もっともそれは技官にも責任がある。「記者発表は事務官の仕事」というルールに甘えて、危険を避けてきたからである。これでは成長は望めない。

手探り状態ではあったが、「所管事項が白紙」という状態が幸いし、さまざまな技術的な課題に取り組むことができたと思っている。

余談になるが、亀井静香大臣のこのポストへの思いは、並々ならぬものがあった。勿論、運輸大臣を離れた後に技総審の人事や職務に関して口を出されたということではない。しかし、私が１９９８年４月に退官することになったとき、亀井さんは建設大臣であったが、運輸省の技官の幹部のみならず、建設省の技術系の幹部全員に呼びかけて送別会を開催してくださった。しかも、最初の挨拶だけで退席され「後は皆で楽しめ」とおっしゃるのではないかと思っていたが、宴の最後までおつき合いをいただき、最後には私の胴上げにまで加わっていただいた。忘れ得ぬ思い出である。

（６）技官の意外な弱点

本題を少し外れるが、技総審の立場にいて各分野の技官と幅広くつき合うようになってからある疑問がわいた。それは、「技官はなまじ専門分野を持っているために自らの成長の機会を逃しているのではないか」ということだ。

ある人が国土交通省（さらに言えば旧運輸省系）の人間に北陸新幹線の今後の整備計画について質問をしたとする。質問をされた人間が情報を持っていれば即答できる。しかし、情報を持っていなかった場合、質問された人間が事務官であれば即答できなかったことをまずいと考えて調べるであろう。そして次の機会には即答ができるようになっているだろう。ところが、尋ねられた人間が技官であったならばどうなるか。鉄道局の技官ならば答えられる。答えられなかったとしたら急ぎ調べるだろう。しかし、他分野の技官だったらどうするか。たとえば港湾の技官だったならば答えられない場合こう言うだろう「私は港湾の人間です。新幹線については知りません」。答えられないことをまずかったとは思わない。尋ねた人に「なんで私にそんなことを聞くのだ」と反発すらしかねない。勿論調べもしない。こうして専門性はその人の周りに垣根をつくり、その人の世界を広げることを妨げる。専門分野に詳しいのは当然としても、国土交通技官である以上、他の行政分野については一通りのコメントができるようになっていなければならないと思うが、技官はなまじ専門分野を持っているためにその分野以外について知識が欠けていても恥としない。こうして、狭い分野のことしか語れない人間となる。技官はひとつの属性に過ぎず、社会は技官以前に行政官としてみている。行政官に必要な総合的な視野という点で、技官は注意をしなくてはならない。

第４節　豊田実運輸事務次官 ── 公平さと優しさと

技総審室の「サロン」（p84参照）を訪れてくださった
豊田実次官（1996年御用納め）

（1）「族技官・族事務官」のこと

豊田実氏は１９９５（平成７）年６月から１９９７（平成９）年７月まで運輸事務次官を務められた。私は港湾局長の後半1年間、技術総括審議官の前半1年間をお仕えしたことになる。海上保安、気象から観光、輸送まで所管分野の広い運輸行政では、どこかに必ず問題を抱えており、次官の気の抜ける日はなかったと想像する。

そんな次官に私はある日大きな迷惑をかけることになった。

運輸省に「ＴＲＡＮＳＰＯＲＴ」という月刊の広報誌があった。そこに「ひとこと」というコラム欄があり、運輸省の幹部が交代で1頁の寄稿をすることになっていた。１９９５年の夏、港湾局長であった私は広報室の指名でこのコラムを執筆することになった。そこで私は、その当時マスコミの批判が集中していた「族議員」さらには「族技官」の弁護論を展開した。

「族議員」批判とは、港湾や道路に関心の深い国会議員が議員連盟をつくって圧力団体となる結果、公共事業予算の部門別のシェアが硬直化しているという批判である。さらに平成7年度の予算編成に際しては「族技官」という言葉も登場して批判が集中した。技術系の公務員はその分野についての専門的な知識と経験が求められるために「入省以来港湾一筋」や「道路一筋」といった人事になりやすい。その結果「港湾屋」「道路屋」といった「族技官」が形成され、「族議員」の応援を得て、予算の獲得にまい進する。「族議員」と「族技官」を悪のタッグとする批判は広がっていた。私はコラム執筆の機会をとらえて反論を述べた。

「確かに、国民全体に奉仕することを任務とする国家公務員が、一分野に偏った価値観を持ち、他を顧みず己が主張に固執することがあってはならない。しかし国民生活に不可欠のインフラ施設について、専門的知見を持った者が責任を持って当たってくれなくては、また国民にとっても不幸である。特に2、3年ごとにポストが変わる公務員が、計画から着工、完成まで、少し規模の大きな施設であれば10年程度はかかる土木施設を対象に仕事をする以上、担当者が変わり個性による差が出たとしても、基本的な部分では同じ考え方で物事を進めることでなくては、関係者はたまったものではない」と述べ、結論として「保身のための『族』ではなく、責任を引き継ぐものとしての『族技官』やさらには『族事務官』であれば、社会もその存在を歓迎することになると考えている」と結んだ。（TRANSPORT Jul. 1995 51頁）

「族事務官」という言葉はマスコミにはなかったが、運輸省は空港行政を担当する航空局があり、さらにこの年から「新幹線」が公共事業の枠内で処理されることになって「鉄道局」も公共事業関係組織となった。事務官も公共事業とは無縁ではなかった。それを思いつつ「族事務官」という表現を使ったのだ。

このコラムは省内でもあまり話題にならなかったと思うが、10カ月もたった翌年の4月、出勤するとすでに退官していた先輩から電話があった。「週刊ダイヤモンドの中吊り広告で、君の主張が取り上げられている。しかしおそらく君の真意とは異なると思う」という電話であった。急いで地下の書店に行き「週刊ダイヤモンド」の96年4月13日号を手にした。そこにはフリーライターの生田忠秀氏が「ＴＲＡＮＳＰＯＲＴ」のコラムを取り上げ「責任逃れをする無責任な事務官」という事務官批判の記事に仕立てていた。私への取材はそれまで一度もないにもかかわらず、他省庁の技官の「このとおり。全く納得できる事務官批判」などという恐ろしいコメントが紹介されていた。

頭をかかえた。これでは運輸省の中で「技官」が「事務官」を批判し、対立していると思われかねない。考えた末、豊田事務次官のところに行き、真意を説明させていただいた。次官はすでにこの記事をご存じだったが、私の説明が終わるといつもの穏やかさで「運輸省が良くなるようにと思って書かれたのでしょう。だったら、堂々としていてください」と言ってくださった。おそらく次官のこの気持ちは事務系の幹部にも徹底していたのだと思う。このことで省内で批判されることも、皮肉を言われることも全くなかった。

（２）技術総括審議官の誕生を喜んでくださって

前述のとおり、１９９４年６月、亀井静香運輸大臣が誕生すると、「技官が局長止まり（港湾局長あるいは船舶局長）というのはおかしい。運輸審議官を技官のポストとすることを検討せよ」という指示が出たといううわさが省内に流れた。紆余曲折があって運輸省の技術問題を束ねる技術総括審議官が誕生した。

このポストができたのは豊田実次官のときであった。次官はこのポストを大変応援してくださった。スタートの時に次官から、このポストの活用について次のような文書が出された。

「大臣官房技術総括審議官の設置について

平成８年度予算において、大臣官房技術総括審議官の設置が認められたことに関し、下記の通り申し伝える。

記

１ 技術総括審議官の設置の意義を大きなものとするため、関係各局は技術総括審議官を積極的に支えていくこと。

２ 技術総括審議官の人事については、同職が技官全体の能力の総合的かつ効果的な発揮を図るとともに、従来の行政分野ごとの対応では処理が必ずしも円滑でない運輸全般に及ぶ課題にも的確に対処するために設置したものである点にかんがみ、要求の経緯も踏まえつつ、運輸省全体の立場から事務次官及び官房長がこれを行うこと。

３ 技術総括審議官、官房企画官（技術担当）及び技術開発推進官の所掌すべき当面の重要課題については、要求の際の整理事項も参考にしつつ、至急関係会議において決定すること。

平成７年12月22日

運輸事務次官　豊田　実（署名）」

これを見ると、豊田次官がこのポストを運輸省の技官全体を代表するものとして育てていきたいと考えておられたことがよく分かる。その気持ちは1月に招集されていた全国局次長会議の際に、「上京して時間があったら、技総審の部屋に立ち寄ることを勧める」と、地方運輸局長や次長（以前の陸運局長、海運局長）に伝えてくださったことにも表れている。

第5節　平松守彦大分県知事

平松守彦氏
（お別れの会栞から）

（1）港湾を応援する知事協議会を立ち上げましょう。私がすべてを準備します

平松守彦氏は１９４９（昭和24）年に商工省（後に通産省）に入り、１９７４（昭和49）年6月に就任された国土庁地方振興局担当の官房審議官を最後に退官され、１９７９（昭和54）年、故郷大

分県の知事となられた。

私が運輸省港湾局の審議官そして局長のころ、港湾局は財政制度審議会の「公共事業の分野で投資を抑制するＣグループ」の桎梏から脱却しようと、補助事業実施港数の削減など、大胆な改革を展開していた。その様子をご覧になっていた平松知事から、ある日「私が全国の知事に呼びかけますから、港湾を応援する知事協議会をつくりましょう」と申し出てくださった。そして、40都道府県の知事さんが参加し、歴代運輸大臣が顧問として名を連ねてくださる「全国港湾知事協議会」が１９９８（平成10）年10月に発足した。

平松さんと港湾との縁には長い歴史がある。

我が国の高度経済成長期の先導役となった鉄鋼、石油・石油化学などの重厚長大産業の発展期に、全国の臨海工業地帯の開発計画を運輸省（港湾局）と通産省が協力して立ち上げた。その時の通産省のリード役が平松さんだったと聞いていた。

平松さんが港湾局の応援をかって出てくださった背景のひとつとして、大分県の中津港の開発計画の推進があったと思う。大分県北部の地方港湾中津港には、隣接して「中津干拓」の未利用地があった。知事はこの跡地に、関東の内陸にあったダイハツ工業グループの工場の移転誘致を計画した。この工場は拡張余地もなく、部品の搬入、完成車の搬出に長距離の内陸輸送を余儀なくされていたため、中国への海外移転を計画していた。知事は中国への移転ではなく中津干拓の跡地への移転をダイハツに勧めた。ダイハツは了解したが、進出にあたって地方港湾であった中津港の重要港湾への昇格が条件となった。当時、「港湾Ｃグループ」の桎梏は完全には解けておらず、港湾投資を抑制しようとする財政当局の意向を汲んで、港湾局は重要港湾への昇格は認められないとしていた。

ある日、私は大分県に出向して港湾課長を務めている塩崎正孝君から電話をもらった。「先輩は平松知事とのおつき合いが長いと聞いているが、どのようにしたら港湾局の方針を知事に理解してもらえるのか教えてほしい」ということであった。本当に困った様子は電話を通じても伝わってきた。聞いた瞬間カチンときた。「出向したらそこの人間として頑張れ」と言って送り出してきた、あの港湾局の素晴らしい伝統はどこに行ってしまったのか。いつからこのような情けない組織になってしまったのか。そう思って次のように伝えた。「君は誰から給料をもらっているのだ。いまは大分県の職員として、知事の計画をどのようにしたら実現できるのか考えるのが君の仕事ではないのか」。電話の向こうで彼は明るい声で答えた。「分かりました。すっきりしました。やるべきことをやります」。そして彼は知事の意向を確認しつつ、持ち前の行動力を発揮して活躍した。港湾局からは相当のプレッシャーがかかったことは想像に難くない。私にまで「若者をけしかけるのはやめてください」という忠告があったほどだからである。地域を活性化しようと努力している知事にその部下が協力するように励ますことが、なぜ「けしかける」ことになるのか。どこを見て行政を行っているのか暗然たる気持ちになったことを思い出す。２年かかったが中津港の重要港湾昇格は実現した。誘致は成功し、ダイハツは２００４年に中津市に移転。後に従業員４０００人、生産台数48万台となる工場がスタートした。移転の日に中津市は住民登録の臨時窓口を設け、全国的な話題となった。

私は地元の祝賀の式典に参加して関係者が本当に喜んでいるのを見て、またダイハツが立地したのちの中津市の元気ぶりを見ながら、これでよかったのだと確信した。地域振興の観点からも、日本の工業生産力の海外流出を防ぐためにも、知事の計画には理があった。財政当局の担当者の意向に反する等というレベルの話ではない。中津港の重要港湾の昇格が予算の膨張をもたらすというのであれば、それをカバーする方策はいかにでもあったはずである。それを地域と一緒に考えてきたのが、港湾局の伝統ではなかったのか。

（２）港湾振興団体連合会の会長として

港湾の苦境を理解してくださる知事さんは多かったが、平松さんのようにその苦しみを共にして、力を貸してくださる方は珍しかった。それだけに力になり、ありがたかった。平松さんは知事をお辞めになった後も、港湾振興団体連合会会長として、各地の港湾振興団体の活動をリードしてくださった。振興団体連合会の総会は釧路、敦賀など毎年全国の港湾都市の持ち回りで開かれるが、平松会長はその総会に自ら出席され、各地の市長さんらも平松さんと話ができることを楽しんでおられた。「アジアポート」の実現を目指して自らブラジルにまで足を運び、「一村一品運動」「グローカリズム（グローバルに考え、ローカルに行動する）」など、港湾人としても学ぶところが多い。

平松さんは２０１６（平成28）年８月に亡くなられた。そのお別れの会にご遺族が用意された資料から、私は平松さんがクリスチャンであったことを知った。氏の大きな包容力の背景を見た感じがし、「喜ぶ人と共に喜び、泣く人と共に泣きなさい」という聖書の言葉（ローマの信徒への手紙12章15節）が頭に浮かんだ。まさに平松さんはそれを実行してくださったのだと、あらためて感謝の気持ちが湧いた。

第６節 橋本大二郎高知県知事

橋本大二郎高知県知事
（提供：橋本大二郎事務所）

（１）難局に直面している港湾のために、私にできることはありますか

橋本大二郎氏は、ＮＨＫで皇室関係の報道のメインキャスターを務めた後、１９９１（平成３）年に高知県知事となられた方である。当選されたときは全国で最も若い知事であった。

１９９３（平成５）年夏だったと思うが、私が港湾局担当の官房技術審議官のときである。港湾局は、財政制度審議会の小委員会が、港湾は「整備が行き届いたので、今後投資を抑制する」という「Ｃグループ」に位置づけようとする動きをなんとか改めていただこうと、港湾局長を先頭に必死に動いていた。

ある日、翌年度の県の要望を知事と県の港湾局長から受けることになっていた。約束の時間より少し早く知事が到着したが、説明役の県の港湾局長が遅れていた。しばらく待っていたが到着しない。すると知事が「私から説明します」とおっしゃって、高知県の要望の内容を港ごとに丁寧に説明してくださった。その説明ぶりは知事が内容を完全に把握していることを感じさせるものであった。

説明が終わったときに私は知事に「知事さんが、個別の案件まで完全に掌握されているということがよく分かり、感動しました。いま港湾予算は難局に直面していますが、できる限りご要望に沿うように努力をします」と申し上げた。県の港湾局長も遅れて到着し、しばらく意見交換をした後、お２人は次の陳情のために退室された。しかし、橋本知事はすぐひとりで戻って来られた。そして「港湾が難局に直面しているというお話でしたがどのようなことなのですか。私にできることがあれば協力をしますので、何でも申しつけてください」と言ってくださった。私の一言を気にとめてくださり、次の陳情先に向かう途中から引き返してきて申し出てくださったのだ。本当に驚き、感激した。

そしてその言葉どおり実際に動いてくださった。知事の実兄の橋本龍太郎氏はその時自民党の政調会長だったが、財政制度審議会の答申をなんとか修正できないか訴えていただいた。しかし、事態は相当進んでおり、修正はできず、「Ｃグループ」は決定されてしまった。

（2）各省間の人事交流促進のための方策での応援

1996（平成8）年秋にも、大二郎知事には応援していただいた。

今回は橋本龍太郎氏が総理大臣の時であった。官庁の縦割りの弊害をなくそうと、各省が人事交流を積極的に行うようにとする文書が官邸から出された。その中に、「行政・法律・経済職のⅠ種職員は、本省の課長に就任するまでに他省庁を2つ以上経験させる」という一文があり、「その他のⅠ種（技官）～Ⅲ種職員」は「積極的な人事交流を検討する」と、明らかに差がつけられていた。各省庁で技官が行政事案に携わっているなど、全く頭にない文章であった。

霞が関に「技術交流会」という、各省の技術の束ね役が集まる会議があった。ひと月に1回ほど、日比谷の法曹会館で昼食をとりながら情報交換をする会であった。この文書に危機感を抱いたメンバーは急遽集まって対応を考えた。「与党行革チーム」のスタッフの「技官」に対する認識のひどさを示しているという点で全員が一致した。「技官はパソコンを叩いているか、地下でボイラーに石炭をくべていると思っているのではないか」と息巻くメンバーもいた。

正しい認識の文書にしてもらうように手分けをして各方面に働きかけることになった。メンバーの中で最年長の私は総理大臣担当となったが、総理官邸にこのことで乗り込むには勇気も手掛かりもなかった。そこで、橋本大二郎知事にお願いすることとして、知事が上京されたときに高知県東京事務所でお目にかかった。

大二郎氏の話によれば、橋本総理は技術が大好きでいろいろ興味を持っておられ、かつうんちくを傾けたがるところがある。しかし「技官は大嫌い」ということであった。それは、初めて入閣された厚生大臣のときに、技術系の官僚（医官だろうか？）から「大臣は専門分野のことは何も分からないのだから黙っていてください」と、たびたび発言を遮られたことが原因と言われている、ということであった。技官のみならず、専門分野を抱える者は、心しておかなければならないことである。

大二郎知事も動いてくださり、おかげさまで、先の文書は訂正され、最終的には技官も各省交流の対象となった

第2篇

私の背中

―私の行動原則と記憶に残る仕事

第１章　仕事との出会い ― 発見のための５つのポイント

これまで多くの仕事やプログラムを思いつき、それを実現することができた。その成果に至った道筋を振り返ってみると、そのきっかけは次に紹介する「５つのポイント」にまとめることができる。

（１）「健全な好奇心」を持ち続けること

新しい仕事の種《たね》は遠くにあるわけではない。いや、遠くにある種に気づくことは難しい。いま自分が活動している世界に仕事の種はある。「好奇心」があれば気づくことができる。「好奇心」を持っていれば、「何か変だ？」と気づく。この「何か変」を追跡すると、そこには新しい仕事の種が眠っている。

新しい仕事を見出すためには「好奇心」が何より大切と話し続けていたが、私の言葉では迫力がないと思っていた。確信を与えてくれたのは２０２１年のノーベル賞を受賞された眞鍋淑郎博士の言葉である。

眞鍋淑郎博士は温室効果ガスが気候変動などに与える影響をコンピュータで予測する研究によりノーベル賞を受賞された。その記者会見で「研究者として大切に思っていることは何か」という質問に対して、博士は「好奇心を持ち続けること」と答えられた。これまでも多くノーベル賞受賞者がおられ、「継続的な努力」とか「諦めないこと」などを語る受賞者は多かったが、私の記憶では「好奇心（Curiosity）」と語られたのは眞鍋博士が最初である。

「好奇心（Curiosity）」を持ち続けることによって、見過ごしてしまいがちな仕事の種に気づくことができる。好奇心こそ新しい仕事に導いてくれる妖精のようなものだ。ところでなぜ「健全な」とことわりを入れたのか。好奇心が旺盛で、何にでも首を突っ込みたがる人がいるが、それは単なる野次馬で、それでは役に立たないからである。

（2）「なぜ？」という疑問を大切にすること

ところで、好奇心から気づくことは前向きの事ばかりではない。仕事をしていると「ん？」と思うことがしばしばある。「なぜこんなくだらない仕事をしているのだろう？」「なぜこんなに重要なことを放置しているのだろう？」と問題に気づくきっかけとなることも多い。「なぜ？」と疑問を抱くことはつまらない仕事を避け、新しい仕事に気づく機会となる。問題が生じてその原因を探っている時はもちろんだが、普通に仕事を進めている時にも「なぜ？」と疑問を持つことがある。疑問は周辺にたくさん転がっている。「好奇心」がなくとも疑問は誰にでも浮かぶ。「なぜ？」と思ったら原因を探ることだ。新しい仕事の糸口となるかもしれない。探って出てこなくとも、その疑問は忘れてはならない。これも「記憶の引き出し」にしまっておくことだ。次の電子部品製造工場の女子工員の疑問と気づきはよく知られている話である。

熊本県の阿蘇山麓に立地する某電子部品メーカーでは、いろいろ改善の努力をしても減らない不良品の発生に悩んでいた。ある日、その製造ラインで働いているひとりの女子工員が出勤途上、工場の前を走る何両も続く貨物列車に踏切で止められてしまった。その通過を待ちながら、足元から伝わってくる振動に女子工員が気づいた。この振動が不良品発生の原因ではないか。彼女の報告で工場は不良品発生の時刻を調べ、それが列車通過時と一致していることを発見した。「ボーッと生きていては」気づかないことである。

（３）気づいた事柄が本当かどうか検証しておくこと

「珍しいものを見た。面白かった」では、役に立たない。役に立つことだけが意味があるわけではないが、好奇心を持って見聞した事実が、偶然なのか必然なのか、どのような背景と広がりを持つものなのかなどの周辺情報を、記憶が鮮やかなうちに調べておくことが重要である。その作業からまた新しい発見が生まれるかもしれない。検証はかつて簡単ではなかったが、インターネットの時代、ほとんどのことはパソコンの検索で関連情報を手に入れることができる。検証の作業を進めることによって、「大発見‼」と思った事実が周知の事柄であったり、すでに手が打たれている事柄であったりすることにも気づき、無駄を防ぐことができる。

（４）気づいたことを「記憶の引き出し」にしまっておくこと

誰しも気づいたことはすぐ実行したくなる。しかしここでもちょっとした慎重さが必要である。気づいたことが直ぐ役立つわけではない。気づいたときに直ちに手をつけようとすれば、抵抗も大きく効率的ではない場合もある。気づいたことがどんなに重要なことだったとしても、いままで放置されていたのだ。簡単に関係者の理解が得られることはない。抵抗も大きい。だから、問題に気づいたら「記憶の引き出し」にしまっておくことである。環境が整うまでじっと温めておくことも必要である。そして時が来たら一気呵成にことを進めることだ。もちろん急を要することもある。そのときは覚悟を決めて関係者に説明して理解を得ることである。

気がついたことをメモにまとめ、文字通り机の引き出しにしまっておいたことが、港湾局に大きな貢献をした例をひとつ紹介したい。私が開発課長の時である。時の中曽根内閣は「民間活力の活用」を政策課題のひとつにして、「民活法」を制定、さらにＮＴＴ株の売却益を財源に民間のアイディアにインセンティブ補助をつける仕組みも用意していた。

港湾局はその数年前から、内港地区の再開発の課題と取り組んでおり、プロジェクト発掘のための「ポートルネッサンス（ＰＲ）調査」「マリンタウンプロジェクト（ＭＴＰ）調査」を進めていた。民活の仕組みは、港湾再開発の強力な武器になるものであった。

各省庁が「民活事業」を取り込もうと必死になっている状況から、運輸省も全省を挙げて取り組む必要があると考えたのか、官房から「地方運輸局に運輸省の民活事業の総括機能を持たせる。港湾建設局と海上保安本部はその下につく。地方の民活プロジェクトはまずここで審査する」という推進組織の案が持ち込まれた。

港湾局は当惑した。民活事業は港湾再開発の強力な手段である。地方運輸局の関与を受けていては、円滑に進まなくなる恐れがあった。悩んでいる時に、私の部下のE係長が「かねてからこんなことを考えていました」と、１枚の資料を私に見せた。全国に所在する国の港湾工事事務所にウォーターフロント開発の相談機能を持たせるというアイディアであった。港湾局はこれを生かすことにした。官房には港湾局はかねてから独自の仕組みを準備中であったと伝え、直ちに各工事事務所に「ウォーターフロント相談窓口」の看板を掲げることとした。港湾空間高度化センター（今日のみなと総研）の協力も得て、全国の所長を東京に集めて相談窓口の基礎学習も進めた。

官房が進めようとした全運輸の組織を否定するわけではないが、港湾工事事務所にその機能を持たせたことが、民活プロジェクトの推進では運輸省（港湾局）が全省庁中でトップの実績を実現できたことに結びついたのではないかと考えている。日頃からものを考えて、その時がくるまで机の引き出しにしまっておいたE係長の功績である。

（５）気づきを生かすために、自分はリーダーなのだと自覚しておくこと

情報が生きるか生きないかは、情報を持った人の意識に左右される。どのような世界であれ、自分がその分野の責任者のひとりなのだ、そのチームのリーダーのひとりなのだという自覚がなければ、有効な情報も見過ごされてしまう。「発見」「気づき」が生きるためには、自分はその気づきの成果を必要としている組織のリーダー（のひとり）なのだという意識がなければならない。

この「第５」のポイントは、研修ではより明確に「自分はエリートなのだという意識を持て」と話

すことが多かった。「第1篇 先輩の背中 第1章 忘れ得ぬ言葉」で紹介したように、私が新人のころ常に周辺から「いずれあなた方は、私たちの上に立つ人」と言われ、自覚を厳しく促されていたことを伝えたかったからである。すると、半数の研修生たちが反発した。公務員が「自分はエリートだ」などという意識を持つことが国民の反発を呼ぶのだというわけである。

そのように反論されたときに私は、上野の国立西洋美術館の前庭に展示されているロダンの彫刻「カレーの市民」を見に行くことを勧めた。

「カレーの市民」は、英仏の百年戦争のとき、イギリス軍に包囲され飢餓寸前のカレー市の市民を救うために、市の有力者6人がイギリス軍に投降する姿を描いたものだ。彫刻をよく見てみよう。ひとりは市の城門の鍵を持っている。城塞都市カレーを敵軍に明け渡すためである。全員が輪になった縄を首に巻かれている。彼らを待ち受けている運命を暗示している。さらに胸を打つのは彼らが全員裸足であることである。

芥川龍之介が『西方の人』の中で「イエスが語った最も優れた詩（短編小説）」と言った「放蕩息子の物語」が聖書の中に出てくる。親の元を飛び出し、放蕩の限りを尽くして落ちぶれた息子が，年老いた父親のところに戻ってくる。父親は何も言わずに息子を抱きしめ、彼に新しい服を着せ、指輪をはめ、裸足の足に履物を履かせる。裸足は古代社会では使用人・奴隷の姿。こうして変わることなく家族の一員であることを示す。

カレーの貴族たち、日頃彼らは経済的にも恵まれていた特権階級であり、市民からの尊敬も受けていたに違いない。しかし、それらのことはすべて、いざというときに市民に代わって犠牲となる覚悟があってこそ許されていたのだ。「ノーブレスオブリージュ（高貴なるが故の義務）」を自覚している者こそ、真のエリートである。エリートという自覚から逃げてはならないと研修生に語った。

ロダン作「カレーの市民」国立西洋美術館前庭（筆者撮影）

第2章　いかにして楽をして良い仕事をするか——仕事を展開して行くときの10のポイント

５つのポイントを生かして新しい仕事に出会った後に、その仕事に取り掛かることになる。それがうまくいかなければ、せっかくの気づきも生きない。うまくいったとしても、苦労の連続ではやる気も失せる。肝心なのは「いかに楽に仕事をするか」ということであろう。そこで、仕事の展開に際して重要な「楽をして、成果を上げる10のポイント」を、そのことに気づかせてくれた事例と共に紹介したい。構成は3部からなっており、最初に「仕事の姿勢」について、つまり仕事にどう立ち向かうかのコツについて述べる。次に「職場環境への対応」である。そして最後に、それぞれの努力の成果を十分に生かすための「注意、心くばり」について述べている。

数年前から、若い職員が簡単に職場を辞めてしまうという話を聞くようになった。その理由として多く聞くのが、職場環境が自分に合わないからというものである。しかし考えてもみてほしい。自分にぴったりの職場などそんなに簡単に見つかるものではない。また見つかったとしても、意欲的な人ほどもっと良い職場を、もっと自分に合った職場をと考えるに違いない。昔の軍隊では、軍服など支給品が体に合わなければ、「体を支給されたものに合わせろ」と無理難題を押しつけたと聞く。現在はそのような無理を押しつけるのはパワハラとなるだろうが、自発的にそうするのは問題ないだろう。まず職場環境を自分に合うものに変える努力をしてみてはどうか。うまくいかず、最終的には辞職することになったとしても、その経験はきっといつか役立つだろう。

第１節　仕事の姿勢

（１）常に「もっと楽な方法はないか」を考えよう

大学生時代、夕張川のダム予定地の測量のアルバイトに出かけた。測量する場所は、谷底に広がる幅広い河原である。玉石に覆われた河原にはかん木があちこちに生えていた。

作業はひとりの監督の下に２〜３人のアルバイト生がついたチームで進められる。アルバイト生の仕事はスタッフ（測量用の標尺）かつぎと、測量の見通し線上にある障害となる樹木などの伐採である。毎日監督が替わった。賢い監督は「その枝を払ってくれ」と、効率が良い。賢くない監督は「その木を切り倒せ！」と指示を出す。生えている木は細いが粘り気のある木で、最後までのこぎりを入れないと倒せない。「枝では駄目ですか？」と効率的な方法を提案しても「木だ！　木だ！」となって、効率は悪いし疲労は倍化する。

この経験から「賢い上司」にならなければ部下に負担がかかることを知った。「賢い上司」とは誰か。それは効率的な仕事のやり方を知っている者、つまり楽な方法を知っている者だと気づいた。

やみくもに仕事に取り掛かり、ねじり鉢巻で汗を流さないと仕事をした気にならない人が多い。特に巨大技術にあこがれてきた土木系技術者に多い。そして部下にもそのことを求める。「まず楽な方法を探す」ことが進歩、改良につながる。

（2）仕事はできるだけ多くの仲間と進めよう

私のいた運輸省港湾局は優秀な技術者が多く、やろうとすればかなりの程度自前でやってしまうことが多かった。しかし、この「単独登頂主義」が運輸省の中のはぐれ者、何をしているのか分からない身勝手な集団といった印象を与えていた。さらに、組織の底力を弱め、社会の価値観が多様化するなかで自分たちの欠陥を見過ごし、他から批判された時には簡単に立ち直れない状況に陥っていた。

協働者が多いほど良い仕事、強い仕事ができる。そのうえ、共に働いた人は理解者、応援者になってくれる。組織内はもちろんのこと、課題によっては外の組織と組む可能性を探ることが重要である。新しい課題に取り組むチームを立ち上げるようなときこそ、新しい理解者を見つけるチャンスだと考えよう。研究委員会を設置するときもそうである。委員長をお願いするにあたり「何でもかんでも△△先生」では世界は広がらないし、思わぬ成果は期待できない。

〈港湾整備特定財源の調査〉

入省10年目、計画課の調査・企画担当の補佐官となった。港湾整備5カ年計画の繰上げ改訂の理由づくりなどの業務の一方で、港湾整備のための特定財源を創設するという調査に取り組んだ。この調査は、特定財源を持たない港湾局の弱みを改善するために、大蔵省の指導を受けて予算のついた調査と聞かされ、本腰を入れて取り組まねばと考えた。

港湾整備の特定財源を考える委員会である。身内で議論して「特定財源が必要である」と結論を出しても説得力がない。幅広い委員会構成にすることが必要だと考えた。

そこで著名な経済人であった某氏を委員長にお願いしたいと考えて、同氏が経済企画庁の計画官時代の竹内良夫氏を大変評価されていたと伺い、竹内局長に交渉をお願いした。局長は「気持ちは分かるが、この人は内閣の審議会の会長を務めるような人だ。ひとつの組織が立ち上げる研究会の委員長などをお願いしてはならない」と注意を受けた。もっともだと思うと同時に、「何事も大きなことばかり言って」と批判する人が多かった竹内さんだが、物事をよく見ておられると思った。

最終的に委員長は運輸省を退官されたばかりの高林康一（前）次官に、副委員長には岡部保日本港湾協会理事長をお願いした。委員には前述のような理由から港湾の専門家は岡部さんひとりにしぼり、学者や公共事業に批判的な朝日新聞の論説委員にもお願いするなど、幅広い方々に委員となっていただいた。

委員会では、港湾施設の整備のときに受益企業が「産業関連事業制度」などにより工事費用の一部を負担したからと言って、整備後の利用にあたってはどのように大量の貨物を運んでも港湾使用料は課せられないという状況に多くの委員が疑問を持ち、最終的には石炭、鉄鉱石、原油といったバルク貨物から、貨物１トンあたりの港湾利用料を納めてもらうことが望ましいという結論となった。この結果は港湾局が誘導したことではなく、委員の発案でありコンセンサスであった。経済モデルも使い、これらの負荷が物価等経済全体に影響を及ぼさないというチェックも行った。しかし残念なことにこの調査委員会の結論は「貿易自由化の流れに反するもの」という計画課長の一言で葬り去られた。

18年後の１９９３（平成５）年、公共事業の中で港湾は投資を抑制するという「Ｃグループ」に位置づけられ、なんとかその桎梏を外してほしいと努力をしていた時のことである。「港湾整備予算が特別会計を組んでいながら特定財源を持たず、ほぼ１００パーセント一般会計からの繰り入れというのは、道路等と比較して印象が悪い。わずかでも港湾整備の特定財源があれば、世間を説得することができるのだが、いままでなぜ放置してきたのか」と主計官から言われた時にはこの調査を思い出し、１年間かけてまとめた調査結果を局内で議論することもなく、もっともらしい一言で葬り去られたことの無念さがよみがえった。

〈自分の世界を広げることに関心を持とう〉

仕事をできるだけ多くの分野の人と進めることは、成果の質を高めるだけでなく、自分たちの分野の理解者を増やすことにもつながり、その意義は大きい。

このことを逆から見ると。また大切なことを教えてくれる。

仕事をしていれば、その組織の中だけではなく、外の組織の仕事も担当することが多い。たとえば日本港湾協会やさまざまな財団が港湾管理者から受託して立ち上げる委員会の委員に本省の補佐官などが依頼されるなどである。あるいは土木学会などの各種委員会のメンバーを委嘱されることもある。本来業務だけでも忙しいのになぜそのような仕事を引き受けなくてはならないのか。しかも、外の組織で行われる委員会活動など港湾局の上司の眼にも届かず、忙しくなるだけではないかと思いたくもなるかもしれない。しかしその機会は自分の世界を広げ、能力を高めるチャンスである。私の経験を語れば、土木学会誌の編集委員会が記憶に残る。土木界の人が幅広く集まっているだけに面白く、港湾局の業務が忙しくても可能な限り出席をした。編集委員会に出席してもう一度職場に戻って仕事をすることもしばしばであった。

港湾関係の案件について言えば、港湾局の職員が委員会の委員や幹事を引き受けることは、他分野の委員に対する約束でもある。他分野の方が港湾のために時間を割いてくれているというのに、港湾局からの委員が多忙と言って委員会を欠席していたのでは失礼だろう。委員会の開催に重なってどうしても抜けられない仕事もあるだろう。しかし、本業は組織で行っている。代理が可能である。委員会の委員や幹事を引き受けた場合、それが充て職の委員や幹事であっても、出席義務を果たすべきである。

(3) 新しいことを発想するためには過去を振り返ろう

人間というものは不思議なもので「将来を展望する」という課題が与えられると、まだ見たことのない、経験したことのない未来を懸命に考える。経企庁、国土庁に出向して新全総の総点検作業（総点検というものの、作業の中身はこのまま進めばどうなるかという将来展望であった）、三全総の策定作業、四全総の策定作業と3回の将来を描く仕事をして、「人間に見えるのは過去のみ」ということを徹底的に知った。

そのことに気づけば、将来展望や計画づくりは徹底的な過去の調査と、現況の分析から生まれてくることが分かる。経企庁、国土庁でも直接的な計画作業に取り掛かる前に進めていた仕事は、「日本列島に居住した人口推移の推定」とか「人工的につくられた土地の年代別の分析」等、過去の解明が多かった。

数次の全国総合開発計画を特徴づけるものは「開発方式」と呼ばれるものであった。第一次の「拠点開発方式」、第二次（新全総）の「大規模プロジェクト方式」、三全総の「定住構想」などである。このため、全総づくりに燃えて各省から出向してくる人の多くは、熱心な人ほど新しい全総の「開発方式」について自分のアイディアを次々と提案することになる。しかし、どの全総の時も、下河辺さんもその後の局長も「開発方式は議論が煮詰まればそこからおのずと出てくるもの」として「言葉探し」には取り合わなかった。

現在と未来は前方（眼前）にあり、過去は後方（背中）にある。前方にあるものは見ることができるが後方にあるものは見ることができないと考えがちである。しかし実際は逆である。前方にある未来は見ることができない。背中にある過去は思い返すことができる。見えないものをいくら頭で考えても、地に足の着いた発想（アイディア）は出てこない。見えている過去と現在をしっかり分析することにより、未来（新しいもの）を思いつくのだと思う。

第２節　職場環境への対応

（４）いまいる場が自分の働き場と心得よう

国土庁に出向しているときの体験である。とても優秀なのに日常の業務に一向に興味を持たないひとりの人物がいた。あまりにも徹底しているので局長が呼んで注意すると、「私はダービーしか走らないことにしています」と、しびれるような回答をした。全国総合開発計画の策定作業が始まれば、そのときは仕事をしますと宣言したのだ。

確かに下河辺局長は「全総計画は時の政府の国土に対する夢。長続きする本格政府でなければ、つくっても短命に終わる」と言って、我々にはそのときに備えて勉強をせよと命じ、基礎的な調査しか進めていなかった。計画を議論するというダイナミックな仕事とはほど遠かったのだ。しかし「ダービーしか走らない」と言っていれば、ダービーには永久に出られない。結局、彼は全総作業の前に転勤となった。

この話に苦笑する人の中にも、「管理職になったら自分の考えていることを実行しよう」とか、「本省（本社）に行ったら、このことを提案しよう」と考えている人は多いのではないか。そうして力を発揮しないうちに仕事人としての時代を終えた人は多い。いまいる場が、自分の働き場なのだと考えよう。どんな時代、どんな組織も、「待機者」「待命者」を養っておく余裕はないのだと思う。

（5）ひどい上司についたら、自分が光るチャンスと考えよう

若いころは、若さゆえの傲慢さも加わって、「こんな上司の下では仕事にならない」と、駄目な上司を仕事に意欲が湧かない理由にしていたことが何度かある。「こんな人がなぜ偉くなっているのだ」と組織に対する不信感を持ったこともある。傲慢だった。

しかし、何度かそんな経験をしているうちに、駄目な上司の下は自分の能力を生かす格好の機会であると気づいた。カバーして上司の分まで仕事をすれば、若くして自分のポスト以上の仕事を体験できる。いずれ自分がその立場になった時には、その経験を踏まえて一歩先の仕事ができる。良いことづくめである。

しかも時間が経ってみると、誰が仕事をしているのかを案外周りの人は見ていて、駄目な人が、その後も偉くなり続けることはない、ということにも気づかされた。加えて、駄目な上司を支えて良い仕事をすれば、そのことも見られていて、自分自身の評価が高まることを知った。

何もしないでぼやいているか、それともチャンスと考えて自分の能力を発揮するかだろう。

（6）「出向」は、自分の能力を発見し、自分を拡大するチャンスと考えよう

運輸省に採用されたが、入省から10年間、本省（港湾局）に配属されたことは一度もなかった。企業になぞらえて言えば本社採用ながら10年間本社勤務はなかったということになる。

私の異動を企業風にたどれば、1年目は横浜支店、2～4年目は関連会社へ出向、5～8年目は

名古屋支店、9~10年目は取引先の企業勤務ということになる。11年目にようやく本社に配属になったが1年でまた取引先の会社に出向となった。私の周辺では「あいつは家風になじまないのだ」という評判が立ち、心配してくださる先輩から、「便利使いされている。運輸省を辞めて能力を生かせる企業に行ったほうがいい」と勧められた。もっと長い出向経験者もいて3分の1などたいしたことではないと最近では感じるようになったが、運輸省に勤務を始めての前半にほとんど外部に出ていたことは，内部のことが分からずに不安でもあった。

しかし、功利的な話で恐縮だが、自分の経験を振り返って気がついた。外(出向先)での「良い評判」は組織内の「絶賛」に値するということだ。親は誰しも自分の子供は可愛いと思っている。ところが、ご近所の方から「お宅のお子さん可愛いですね」と言われれば、お世辞と思いつつも、我が子の可愛さが倍加するようなものである。逆に、出向先での評判の悪さは致命的であると考えたほうがよい。身近にいれば悪い評判を耳にしてもその理由も見えて、評価が修正される余地があるが、出向先から聞こえてくる「何もしない」とか「親元を笠に着て権威を振りかざす」などの噂はそのままイメージとなってしまい、修正されることがない。評価の揺らぎを恐れる省庁ほど、出向者の評判には厳しいという経験を一度ならずした。

では良いことばかりだろうか。出向している時に寂しさを感じることはないのか。もちろんある。そのひとつは、港湾局の幹部ですら、出向者は出向先でも港湾局での仕事と同じことをしていると思っていることに気づかされる時だ。全く異質の仕事、慣れぬ仕事に相談する人もなく苦労をしていることに、関心がないと知る時ほど寂しい思いをすることはない。

今ひとつ、寂しさを感じるときがある。自分が糸の切れた凧のように思えるときだ。「出向先の人間になりきって仕事をせよ」と、辞令を渡されるときに申し渡されるのはありがたい。しかし、港湾局という組織に属している人間である以上、その人の行動指針となるような、自分の判断を律する基本的な方針が親元にないということが、何度も不安になった。たとえは適切でないかもしれないが、軍隊が一人ひとりの兵士に対して、それぞれが置かれた状況に応じてどのように行動すべきかという「作戦要務令」を定めているように、同様のものが港湾局にないことが、自由のありがたさより、不安となった。

その原因を考えているうちに、港湾行政の関心事が「港湾整備（事業）」に偏っている、あるいは「のみ」で、事業以外の我が国の港湾の目指すべき姿については何も語っていないためではないかと思いついた。港湾行政の関心事が「港湾整備事業」でしかないとなれば、予算や工事から離れている者にとっては、それぞれが遭遇する課題にどう対応すべきかの目標がないということになる。港湾局の組織から離れている出向者にとって「自由」はありがたいことでもあるが、一方で「はぐれ狼」のような気がしないでもない。

そんな気持ちを表しているのが、次の記録である。これは私が国土庁に出向しているとき（1975～1978年）のある日、虎の門近くの居酒屋の奥に陣取って、もうひとりの出向者と港湾局の政策について議論した記録である。港湾局に事業の長期計画はあっても、我が国の港湾が目指す姿が明確でないこと、したがって、港湾局人であると思っている者が我が国の港湾のあるべき姿について主張したり、それを実現することになるような判断の基準を持てないという状況に不安を感じて議論している。

〈出向者の悩み〉

A●いま一番の問題は、組織としての港湾局の目指す方向が、組織の構成員に明確に示されていないということではないか。

B●そんなことはない。「港湾整備の長期構想」があるではないか。

A●あれは整備事業の長期構想であって、我が国の港湾が目指すべき姿を示しているものではない。港湾局の使命は施設整備だけではないだろう。

B●事業が明確にされれば港湾の姿も明らかにされるのではないか。

A●事業に携わっている者はその事業の結果を考えるだろうから、その可能性はあるだろう。しかしそうではない者、たとえば我々のように他の組織に出向している者はどうするのか。

B●組織が我が国の港湾のあるべき姿を提示していないから、自分の行動の基準が不明というのは、甘え過ぎではないか。各々が自分で目標を持てばよいのだから。

A●一人ひとりの人生としてはそのとおりだと思う。しかし僕の問題にしたいのは、それではそうした個々人の一生懸命さが組織の理想の実現にどう結びついているのかが明確にならないことだ。

与えられたポストを生き生きとこなして成果を上げることは、個人の評価を高め、さらには親元の評価も高めるかもしれない。しかし、それだけではそのポストに居る者が港湾局の目標を前進させたということにはならない。その手応えがないままに、皆が与えられたポストの任期を流しているという感じがしてならない。

B●言いたいことは、組織の中の一つひとつのポストの機能を明確にしろということなのか。

A●そうではない。港湾組織の外にいる人間が問題なのだ。港湾組織の外にいる人間は、何を行動、判断の基準としたらよいのか。僕が問題にしたいのは、港湾のあるべき姿、実現したい姿が明示されていないために、一人ひとりの行動の判断基準が個々人に任せられているという点なのだ。これでは、組織として体をなしていない、組織として力を発揮することができないのではないか。

B●組織の目標が「港湾整備の長期目標」では、なぜ不足なのか。

A●繰り返しになるが、目標とすべき港湾の姿がないままに個々の事業が挙げられているからだ。岸壁を造る、あるいは防波堤を造る、その積み重ねの結果、我が国の港湾をどのようにしたいのか、どのような港をつくり上げようとしているのかが全く曖昧ではないか。これは「港湾整備事業の目標」であって、「我が国の港湾の姿の目標」ではない。それが明確になって初めて、外に出ている人間は自分の判断を親元の組織と結びつけることができる。いまの状態は糸の切れた凧のようなものだ。

B●他の組織に出ているものになぜ「目標とすべき港湾像」が必要なのだ。

A●他の組織はそれぞれの組織に戦略があり、それに沿って動いている。その中にひとりの組織構成員として出向している者を、港湾局の戦略の中でどう位置づけるのがよいのか。

B●港湾局は、他省庁に出向する者に、「その組織の人間として全力を尽くせ」と言って出してくれる。おかげで、心置きなくその組織の目的のために働くことができる。結果として、国土庁に限っても港湾局からの出向者に対する評価は高い。出向者に「密偵あるいは自省庁の先兵としての役割」を期待している組織が多いからだ。

A●しかし、出向者一人ひとりにとっては、港湾局の人間として港湾局にどのような貢献をしているのだろうかと不安になることがある。港湾局に戦略論があり、それがはっきりとしていれば、出向者はそれぞれが自分はこのことで貢献していると思うことができる。

ここで、この2人の議論の記録は終わっている。

港湾局から離れて、しかも多くの場合、港湾とは無縁の仕事をしている者も、時折、親元のことを考えることがある。そのテーマはいろいろあるが、ここでは「港湾局が目指すべき我が国の港湾の姿、組織構成員のすべてが共有すべき戦略目標が親元にないこと」に不安を感じて議論している。

当時私はそれを「行動規範」あるいは軍隊が一人ひとりの兵の行動規範を示した「作戦要務令」という言葉を使い、それがないことを問題視していた。出向先の人間となり切ってそこの仕事に力を注げと申し渡されて辞令を受けたとしても、出向先の案件に港湾局の人間としてどのように判断して関わるのか、それが全く個々人にまかされていることに不安を感じていたからである。それはそれで面白いが、それでは組織ではないのではと感じていた。港湾局が期待するのは「お宅には有能な人がいるね」という評判のみというのでは寂しいではないか。机の引き出しにしまっておき、時折それを眺めて自分の行動を補正する、そんなものがないかと考えていた。港湾局が目指している「我が国の港湾の姿」が明確であればと感じていた。それが明らかにされたのは、この議論からほぼ10年後の1985（昭和60）年、「21世紀への港湾」が明らかにされて、事業計画ではなく実現すべき「港湾の姿」を描き出した時である。

ところで、読者の皆様はすでに気づいておられるかもしれない。

この議論の記録のAもBも私である。当時私は、大手新聞が大事件が起こったときに掲載する「取材記者の座談会」が、ほとんどの場合ひとりの記者が書いていると知ってその手法を真似してみた。勿論、公表するためではなく、レポート用紙上でブレインストーミングを展開したものであるが、この方法により論点がはっきりするという効果があった。出向している者の心情を理解していただく一助となればと思い、古い書類の中から出てきたものを紹介させていただくことにした。

なお、「21世紀への港湾」（1985（昭和60）年・港湾の機能）、「21世紀への港湾フォローアップ」（1990（平成2）年・港湾機能の整備＝美しく使いやすい港）、「大交流時代を支える港湾」（1995（平成7）年・港湾の配置）という一連の港湾政策が明らかにされてからすでに30年近くがたつ。この間、戦術的な港湾事業政策はあっても、我が国の港湾のあるべき姿を明らかにした戦略的な港湾政策がないのは残念である。

第3節　作業の成果を生かすために

（7）自分の判断を加えずに、まず「ホウレンソウ」を実行しよう

「ホウレンソウの哲学」は、山種証券の山崎富治氏が提唱した仕事における「報告・連絡・相談」の重要性を訴えるものである。

私が港湾局長の１９９４（平成６）年だったと記憶しているが、愕然とするような出来事が新聞に報じられた。運輸省のある地方機関が、屋内スキー場という強風が吹くことなどあり得ないスキー場のリフトに「（規則どおり）風速計をつけよ」と命じたというのだ。この規則は、強風が吹いてリフトから人が転落するという事故を教訓に定められたものだ。リフトには風速計の設置が義務づけられて、規定された強風が吹けば、リフトの運転を停止しなければならない。規則を定めた時には、リフトが必要になるような大きな屋内スキー場の登場など想定はしていなかっただろう。

申請を受けた担当者は規則を盾に風速計の設置を求め、「例外を認めるためには半年かかる」と言ったらしい。仕方なく事業者は、リフトに風速計を設置した。規則の目的を考えないこの判断はマスコミの格好の「えじき」になった。当時運輸省は「許認可官庁から企画官庁へ」転換しようと、次

官を先頭に省を挙げて努力をしていたときであったから、これは運輸省にとって大きな痛手であった。もし担当官が上司にひと言「風速計をつけるように指導しました」と報告していれば、どの段階かでこのバカな話はストップされたであろう。風速計をつけないことを認めたとしても、規則の目的を考えれば例外とすら言えないかもしれない。社会は時代に合った勇み足は許しても、時代錯誤の規則遵守は生きた行政ではないとして徹底的にたたくことになる。

この出来事は私に「ホウレンソウ」に潜む危険性を教えてくれた。

誰しも、特に規則を扱う者は、例外を認めたときは不安だから上司に報告する。しかし規則どおりに動いているときは上司に報告しない。繰り返しになるが、勇み足は問題になったときにいかにでもカバーできる。しかし時代や状況に合わない法令遵守の強制は、問題になったときにカバーできない。ひたすら謝る以外にない。しかし、時代に合っているかどうかを担当者が勝手に判断していては行政は乱れる。そこで規則通り断った時も、規則を無視してあるいは拡大解釈をして断った時も、上司に報告することが鉄則だと気づいた。この事例で言えば、「風速計をつけないと言ってきましたが、規則通りつけさせることにしました」と報告していれば、この事件は未然に防げたであろう。規則通り動いたのだから報告の必要はないだろうなどと自己判断を加えずに、まず「ホウレンソウ」を実行することである。「アポを取って」等と言っていればタイミングを失する。廊下の立ち話、電子メール等で、とりあえず「小耳に入れておく」ことが肝心である。

「ホウレンソウの哲学」を信奉していた私であるが、最近になって「ホウレンソウ」はすべての案件に対する行動の手順でないことに気づいた。案件によっては「報告」のみですむもの、「連絡」がまず必要なもの、「相談」が必須であるものと、対応が異なるということである。そして多忙な今日、３つの行動がとれない場合に、これひとつで十分ということがあれば、それは「相談」だと思う。「××の案件が起こりました。どのようにすべきでしょうか？」とあらかじめ「相談」していれば、これで報告も連絡もすむ場合が多い。上司の基本的な方針に沿って対応を考えることもできる。もちろん手ぶらで「どうすべきか」を尋ねる人はいないだろう。対応をいくつか考えたうえで「相談」することが重要である。「対応」の中には、「どうしてよいのか分からない」というのも含まれる。自分の回答を用意したうえで「相談」すれば、それで「連絡」も「報告」も終わる。

（８）成果が相手に正確に伝わって初めて仕事は終わる

〈良い説明とは〉

仕事はその成果を必要としている人に、その成果が正確に伝わって初めて完結する。どのように優れた成果でも、それが相手に伝わらなければ無駄骨である。さらに今日では情報公開や説明責任はあらゆる組織、行為に求められており、それが円滑にいくか否かは仕事の成否にも影響する。

ところが、公務員、中でも技術系の公務員は話が下手でつまらないというのが定説である。これでは十分な説明責任を果たすことはできないであろう。良い仕事をしたければ説明能力も磨かなければならない。では「良い説明」のためには何に注意したらよいのか。

説明は、①相手に、②伝わり、③理解されて初めて完結する。

まず、「相手がいる」という意識が重要である。説明とは、自分以外の人に対する行為である。相手は自分とは価値観、哲学、視点が違うと意識することが重要である。技術系の人間の説明下手は、相手も自分と同じ人と思い込む、善良さのためではないかと思う。いくら丁寧に説明しても納得してもらえないのは説明が不十分だからと考えて、新たな事例やデータを持ち出して説明したりする。「先行投資は無駄の温床。国民が困って請願してきたら整備してやればよい」と考えている人と、インフラ整備のリードタイムの長さに苦労している者とは、話が交わることはない。

「語っていることが、聞き手に伝わらなければ説明にならない」ということも、意外に意識されていない。

伝わるためのポイントは2つである。

まず、相手に聞こえる声で話すことである。当たり前と誰もが思うだろうが、意外に注意が払われていない。大音声も困るが相手が聞こうと神経を使わなければ聞き漏らすような声の小ささも、相手の聞く気を失わせる要因のひとつである。大音声も小さな声も相手の表情を見ていれば気づく。

伝わるための今ひとつのポイントは「手短に話す」ことである。1分間話すということは、相手の貴重な時間を1分間私がもらっていることだと考えるべきである。相手に対する心くばりもなく、自分の話す事にのみ夢中になる人の説明を誰が聞いてくれるのか。

持ち時間が決められていれば、説明であれ講演であれ、絶対に守るべきである。「持ち時間を超えたのはたった1分」と言うかもしれないが、聴衆が１００人いたとすれば１００分の時間を私したと反省すべきである。手短に話すためには、その人が話の構成力、素材を削る勇気と決断力を持っているかどうかにかかっている。だらだらと説明を続けて「私はかくのごとく構成力も決断力もない人間です」とさらけ出すことはない。

さて、最後に相手に「理解されて」こそ、説明になるということである。

日本語を理解しない外国人に、通訳もなく日本語で説明する人はいない。

我々技術系の人間はとかく専門用語を使いがちである。港湾で言えば、岸壁を数える単位「バース」、貨物を保管する「倉庫」、貨物の整理をする「上屋《うわや》」など。最近の埠頭の姿ではガントリークレーン、コンテナ、シャーシーなども聞きなれない言葉となる人は多い。油を運ぶ「タンカー」を、「油槽《ゆそう》船《せん》」と言っては「輸送船」とも聞こえるために、わざわざ「油《あぶら》輸《ゆ》送船《そうせん》」と表現しているテレビのアナウンサーを見習うべきだろう。

〈説明のための資料をどのようにつくるか〉

私が説明のための資料づくりについて、体系的に、そして徹底して教えられたのは、入省6年目、五建企画課の補佐官の時であった。課長が途中で交代したが、新任の課長は着任するとすぐに「私の仕事の流儀を伝える」と言って、業務時間が終わったのち近くの喫茶店に連れ出されて、注意すべきことを徹底して教えられた。余計なことと思われる人もいるかもしれないが、私にとってはその後の仕事のさまざまな場面で役立った大変貴重な経験であった。

その中で記憶に残り最も役立ったのは「説明資料」のつくり方であった。ポイントを一言でいえば、これも前項の「説明の仕方」と共通で、「相手を意識せよ」ということに尽きる。

「資料は自分の考えていることを相手に理解してもらうためにつくるものだ。失礼のないように、丁寧に、きれいにつくれ。資料を分担して執筆するときは、章立て、文字の種類、大きさ、図表番号などに統一性を持たせよ。資料には表紙・目次をつけよ。乱雑な資料は、相手に理解してもらわなくともよいと言っているようなものだ」。

当然のことばかりであるが、これらのことがおろそかにされている経験を何度もすることになった。そこに流れているのは、「中身が大切。体裁などどうでもよい」という考えであることも共通していた。

しかし、私の考えを他人に理解してもらおうというのだから、分かりやすく、丁寧につくるなど当たり前のことだろう。いまはワードやＰＰＴが普及しており、手書きの時代と違って、かなり見栄えの良い資料をつくることが可能である。しかし、うっかりすると分担して執筆・作成した時など、担当者が変わるごとに、字体（フォント）、字の大きさ（ポイント）や章立てが不ぞろいのことが多い。

また、簡単にできるために内容を取捨選択をせずに詳しくなり過ぎる危険がある。「資料」は詳しくつくればよいというものではない。説明の場面を念頭におけば、トップは資料のタイトルしか見ないと考えたほうが良い。するとタイトルが結論を表現している必要がある。あるいはタイトルの脇に、たとえば「カーボンニュートラルの港を目指して」のように政策のねらいを添えることだ。

次の段階の人は、政策を構成する柱を理解しようとする。中見出しは政策の柱を表現しておくことが望ましい。

最近はＰＰＴが普及して便利になった。しかしプリントアウトして配付する資料ならまだしも、説明者が「字が小さくて見えないと思いますが」などと矛盾したことを言いながらスクリーンに投影しているＰＰＴに何の意味があるのか。興味を持った人が、その前に必要なだけ立って資料を読み込む学会のポスターセッションではないのだ。発表資料のつくり方、説明の仕方をもっと学ばねば、せっかくの苦労も水の泡である。

〈記憶に残るのは３つまで〉

口頭の説明でも資料の作成でも、相手に理解してもらえる、あるいは頭に留めてもらえるポイントは３つまでと考えたほうがよい。「ポイントは３つ」は良い説明の大原則である。まじめな部下に原案を示すと「もうひとつ加えて良いですか」と言われることが多い。しかし残念なことにほとんどの場合３つに含まれていることの枝葉でしかない。私の経験から「ポイントは３つ」は優れた説明、資料の大原則である。

〈説明の直前にすべきこと〉

最後に重要なことは、これから説明する相手のことを考えることである。この問題のプロか素人か。どんな癖を持っているのか。聴き手のイメージがまとまったなら、聴き手になって質問を想定することだ。答弁資料の内容は復唱するまでもなく頭に入っている。不意を突かれるのは予想もつかない質問である。シミュレーションをしておくことが重要である。

良い説明の基本は、聞き手の違いに合わせて説明も変えることである。関西の某テレビ局の人気女性アナウンサーはある雑誌で、「大切なことは伝える相手の立場や状況を思いやること、想像力です」と語っている。

第４節 仕事の最終目的は何か

（９）実現してこそ意味のある世界に生きていると肝に銘じよう

我々は理屈ではなく、実現して初めて意味のある世界で仕事をしている。

土木を専攻する学生になってから、土建業を営んでいる伯父から、たびたび仕事の話を聞かされた。その中の記憶に残っている話のひとつ。

「学校の成績で2番をとり続けることは賞賛されるが、入札では2番札をとり続けても意味がない。10回に1回でもよいから1番札をとることだ」。

管理職の立場になってからのことだが、部下に仕事を依頼すると、そのことがいかに困難で問題が多いか、したがってその仕事はやらないほうがよい、それはできないといったことを、それが頭の良いことの証明であるかのようにとうとうと語る人にたびたび出会った。仕事を依頼するほうは、そのことを承知していても組織としてはやらざるを得ない仕事もある。そのことにその人は気づいていない。

「慎重さ」は美徳であるが、それは事を進める過程で発揮されてこそ美徳になる。仕事に取り掛かることに慎重では、ものごとは前に進まない。長時間議論したが何の解決策も見つけられないというのでは技術屋の存在の意味はない。我々はものごとを解決するために存在していると考えたほうがよい。まず動き出す。その過程で知恵が湧いてくるかもしれない。我々は実現して初めて意味のある世界に生きているのだ。「歌を忘れたカナリヤ」では意味がない。

(10) 楽しくなければ仕事ではない

我が国の高度経済成長期、「日本人は働き過ぎ。ワーカホリックである。もっと人生をエンジョイすべきだ」という議論が流行った。これに対して「日本人は、働くことを苦役とは考えていない。欧米人は楽園のエデンの園から追放されて、罰として働かなければ生きていけないようにされた。働くことに対しての考え方が違うのだ」という議論も起こった。常に手入れをしなければ収穫が得られない農耕民族と、草原に家畜を放牧し、危機管理だけをしていた牧畜民族の違いということも語られた。いずれにしても「仕事」は本来楽しいものではないだろう。しかし、「楽しくすること」はできる。

入省直後、研修が途切れ途切れに続いて本格的な仕事が担当できなかったころ、上司の作成した原稿のコピー焼き（現在のように乾式ではなく、薄い透過性の原紙に書かれた原稿を感光紙と重ねて１枚１枚焼きつける）という仕事が多かった。単純で頭も使わず、面白い仕事とは言えない。しかし、10頁の資料を10部つくる時に、１頁目を10枚、２頁目を10枚とコピーをして最後に製本するのと、１回（部）ごとに原稿と感光紙を組み合わせてコピーをして製本作業を避けるのと、どちらが早いか計測を始めたら、コピー焼が俄然面白くなった。あまり熱中したために、上司から「君の給料はコピー焼きのために払っているのではない」と注意されるまでになった。どんな仕事も楽しみを加えれば苦にならない。

楽しい記憶として残っている話を紹介したい。

一建時代のことである。信濃川の河口部分に沈埋工法で横断道路を建設する工事が進んでいた。市民の理解を得るために「みなとトンネル館」を沈埋函を製作しているドックヤードに設置したいと事務所から申し出があった。構想図を見るとプレハブ建物を利用した何の変哲もない建物である。そこで、「正面を沈埋トンネルの断面としてはどうか」と提案した。事務所の人たちが楽しみつつ完成させたのが写真に示す「みなとトンネル館」である。ドックに面した裏側のデッキからは製作中の沈埋函を見ることができるようになっている。これを契機として新潟港工事事務所の広報活動は、市民が興味を持つ楽しさが加わったように思う。やらなければならない作業にひと工夫を加えることにより、楽しいものにする。「楽しくなければ仕事ではない」のだ。

みなとトンネル館（正面）（新潟港湾空港事務所）

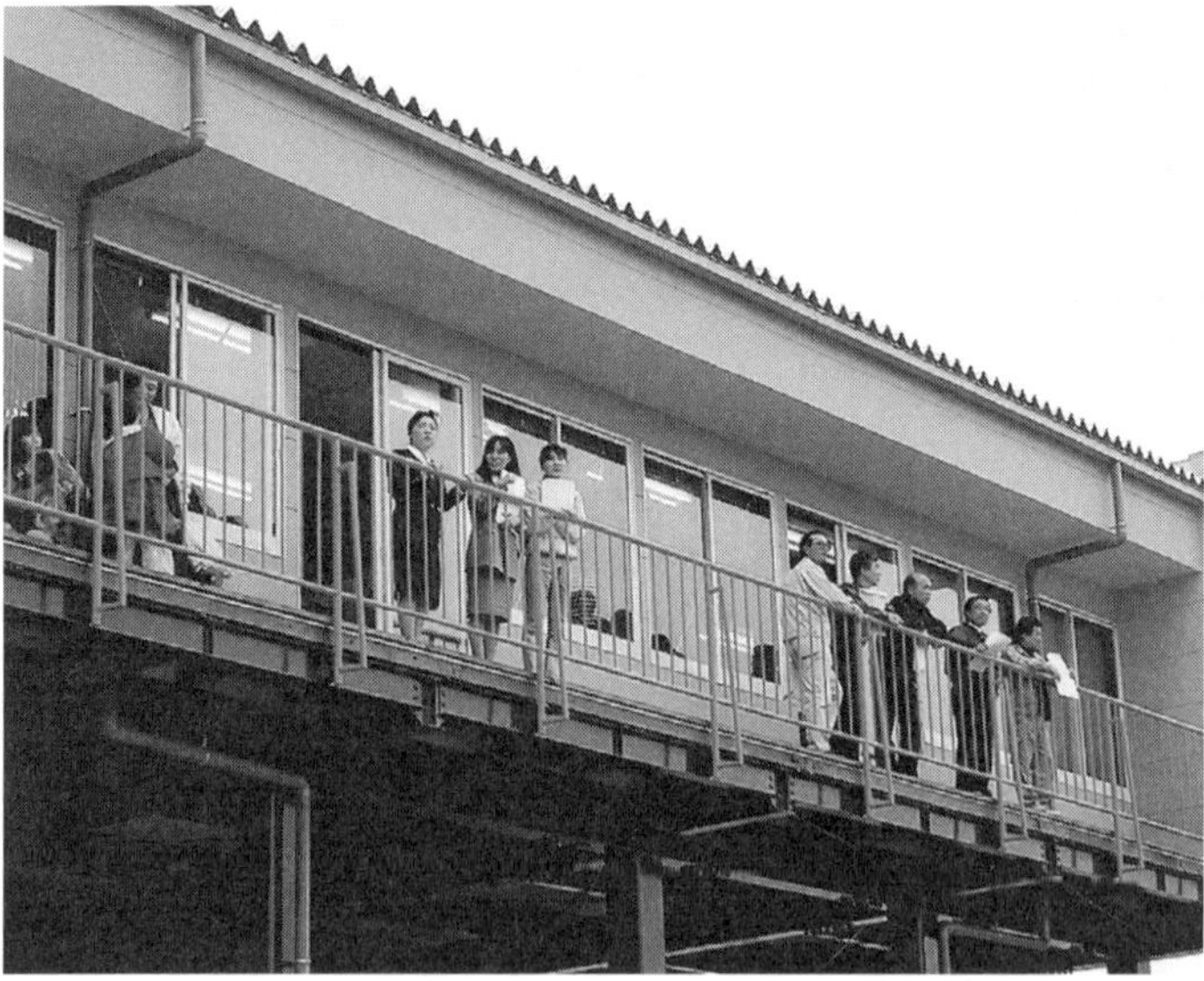

みなとトンネル館（ドック側）（新潟港湾空港事務所）

住田正二氏との議論

——価値観が異なれば、いかに丁寧に説明しても理解が得られることはない

以上のことを守ったとしても、そしてどんなに努力をしたとしても、相手に伝わらないことがある。それは語り手と聞き手の「価値観」が異なる場合である。そのことを次の住田正二さんと私の対話記録から読みとってほしい。

住田正二氏は１９７８（昭和53）年６月から79年７月まで、運輸事務次官を務めた方である。退官後、国鉄の分割民営化などの作業をされたのち、１９８７（昭和62）年、ＪＲ東日本の初代社長となり、その後ＪＲ東日本最高顧問となられたが、それからしばらくして理解不能の行動をとるようになった。「役人につけるクスリ」等の公務員批判、特に自らのいた運輸省の行政を批判する本を３冊著わして、朝日、読売、毎日の大手新聞社系の出版社から出版されたことである。大手３社が関係する出版物には、他のマスコミは簡単に批判ができないと言われており、その見えないシールドに守られていることを知っておられたとすればさすがである。

役人が退職後に勤務していた組織の批判本を出すことは他省庁でそれまでもあった。しかしそれは自分の思いが達成できず、無念の思いで退職した人の場合が多く、その実務分野の責任者である次官経験者が退官後に批判本を出すのは理解不能のことであった。特に、運輸省はそのころ「許認可官庁から企画官庁へ」の変換を目指していたが、元次官の「国民は困ったならその時に役所に頼んで来る。その時に考えてやればよい。先行投資などと言うから無駄が生ずるのだ」という思想は、企画官庁への脱皮の

足を引っ張るものであった。

右の主張のごとく住田さんは「先行投資」ということを一切認めない人であった。しかしこれでは、計画の策定、住民の理解、補償など事業着工までに時間を要し、着工後も完成までに時間を要する道路、港湾、空港などのインフラストラクチャーの整備はできない。

このために、船舶の利用が可能となるまでに時間を要する港湾局は頻繁に批判の対象となった。私も後任の木本港湾局長も、しばしば名指しで批判をされた。特に木本局長は気の毒であった。純朴な彼は、住田さんが港湾局を批判するのは実態を理解しておられないからと考えて、繰り返しデータを整えて実態を説明することに努めた。しかし、価値観の異なる人にはどんなデータも意味がない。なかなか理解してもらえないことに業を煮やし彼は「禁句」を口にした。「住田さんは港湾局にうらみでもあるのですか」。この発言は「国を憂えての私の心配を木本は私憤に置き換えた」として、火に油を注ぐこととなった。価値観の異なる人には、価値観の違いを際立たせる議論しか意味がない。考えが改まる可能性は薄い。私と住田さんのある日の議論はそのことをよく示している。

〈住田正二氏とのある日の対話〉

住田さんが運輸省への攻撃を続けていた１９９７（平成９）年９月25日、技術総括審議官室に住田さんが突然顔を出された。「国会議員とのアポの時間までに余裕があるので立ち寄った。今日は議論をしに来たのではない」ということであったが、結局１時間近くの激論となった。

住田さんが退出された後、部屋の外にデスクのある秘書の女性にお詫びをした。「うるさかったでしょう」。すると秘書がびっくりするようなことを言った。「ええ、全部聞こえていました。ですから、住田さんの秘書がここでメモを取っていました」。

愕然とした。2人だけの議論と思っていたが、相手は記録を取っている。こちらは何もない。これでは後に「あのときに君はこう言ったではないか」と言われても、反論する記録がない。そこで秘書に「いまから3時間ほど人を入れないでほしい」と頼んで、記憶の鮮やかなうちに議論した内容を書き起こすことにした。

以下がその全文である。なお（　）書きは、会話が理解されやすいように、私が注記したものである。

〈来訪の目的〉

住田●「This is 読売」では、港湾の問題はほとんど扱わなかったが、今回港湾に的を絞って本を出すことにした。出版社は「年内」と言っているが、港湾の予算が減っては申し訳ないので年明けにしたい。しかし、出版社が「ぜひ」と言えば年内に出すことになるかもしれない。相当厳しく書いてあるので、了解をというわけではないが、まあ、仁義を切りにきた。

豊田君（前次官）が辞めるときにいろいろ言ったとか書いたとかの噂があるが、本当だとしても、彼はそんなことを言う人間ではないので、若い奴に突き上げられて仕方なく言ったのだと思っている。

（豊田実次官は退任挨拶で、住田正二氏が出版した『役人につけるクスリ』を取り上げて「先輩の中にはクスリづくりに精を出している人もいるので、私もこれからクスリづくりに専念したいと思う。ただし相当皮膚の厚い人もいるので、塗り薬では効かないと思う」というユーモアあふれる挨拶をされた〉

〈**新刊本の内容について**〉

住田●今回の本では、海事新聞のインタビューでの君の発言や、君の書いたりしたことはすべて読ませてもらって全部反論してある。

日経新聞（？）が福井の工業港を「１００億円の釣り堀」として取り上げた記事の中での木本港湾局長の「20年30年後には使われるかもしれないのだから、いま使われていなくても無駄ではない」という発言は、あまりにもひどいので取り上げるのは気の毒と思ったがやはり取り上げることとした。

栢原●港湾局長はそうは言っていないと聞いている。正確に記憶していないが「港湾は20年30年先を考えてつくるので、経済環境の変化で齟齬を来すこともある」と言ったのではないか。

住田●新聞にはそう言ったと書いてある。

栢原●新聞がすべてを正確に書いているとは限らない。福井工業港は背後に臨海工業地帯を形成したいという県の構想があり、その先兵として港湾を造らざるを得なかったという不幸な結果である。車は土地があれば走れるが、船は港がなければ活動できない。二度のオイルショックの結果、重厚長大の経済構造から軽薄短小の時代となるなどということを当時予測できたのは、堺屋太一氏などごく少数の人ではなかったか。各地の知事はもちろんのこと、多くの有識者の中にも、再び経済は元の軌道に乗ると考えている人があったのではないか。

住田●それは計画の失敗だろう。

栢原●計画の失敗は認める。しかし、港湾局が造りたいがために造ったという解釈は間違っている。だから、福井港では10メートル岸壁の投資は50年代半ばに完了し、以後新規の工事はしていない。

住田●県に港湾計画を任せないから、そのようなことになるのだ。

栢原●それは違う。県（港湾管理者）を尊重し過ぎたからとも言える。少し前までの港湾局の港湾法の解釈は、港湾管理者の要望が最優先されるべきであって、国の役割は彼らの夢を実現することにあるというものであった。しかし、そのような中でも、昭和54年度予算の要求に当たって、当時の秋田県の小畑知事が「秋田湾大規模工業基地」の着工を要求してきたとき、港湾管理者の要求が絶対とする港湾局長に対し絶対に着工すべきではないと主張し、ついに予算要求をとめた酒見開発課長のように筋を通した人もいる。

住田●それはごくまれな例で、君たちの考えは造りたいがために造るというものだ。港湾管理者に任せるべきで、48年の港湾法の改正により大臣が基本方針を出せるようになどして、国の要望を押しつける方向に持ってきたのだ。

栢原●港湾局は管理者の要望を押さえることに苦労しているのであって、国が造りたいがために港湾管理者に計画を強要しているという理解は全く逆である。

住田●港湾管理者の要望が先走るというなら、港湾法を改正して国が主体になるべきである。法律を拡大解釈して干渉するのは間違っている。

栢原●基本方針の策定、港湾計画審査などは大臣の責務として港湾法に規定されており、拡大解釈とは考えていない。

〈各地の実態調査の結果〉

住田●各地の港を見せてもらったが、やっていることはでたらめである。

能代港では1万トンの岸壁があるのに3万トンが着岸可能な大型（13メートル）岸壁を造っており、その理由として、大型岸壁のある青森から木材を陸送すれば、その横持ち費用が何億になるなどと言っている。安く運びたいのであれば横持ちに船を使えばよいのだ。

投資効果がないではないかというと、隣の港から運んだ場合の陸送費を出したりする。しかしトラックの実勢運賃は公表されているものの半分程度であって、帰り荷の無いときなどさらに安いはずだ。そのことには目をつぶっている。

栢原●たとえ半分だとしても、横持ち費用の負担は競争力を殺ぐことになり、地方の企業は成り立たなくなる。木材産業で成り立っている能代市自体が破綻する。

住田●そんなことは企業の問題、民間の問題で、国が心配することではない。貨物が特定できるのであれば、専用埠頭で扱わせるべきだ。

栢原●企業が存在していることで市の経済が成り立っているのだから、公共負担をしようというのが考えである。

（その他「宮古港に大型岸壁が何故必要なのか」等、いくつかの港名を挙げられたが、これまでの発言の繰り返しであったので省略）

住田●ひと月に1度しか船が着かないような岸壁を造ってどうするのだ。

栢原●船の輸送能力は大きいので、その地域の木材企業が必要とする原料を1カ月1回の寄港で輸送するということであれば、立派に機能を果たしているということではないか。

住田●そんなでたらめはない。1週に1度程度の寄港がないものは明らかに無駄である。

栢原●顧問のご意見を聞いていると、1カ月に30人の客がいる家は玄関を造ってもよいが、ひとりしかいない家は隣の庭先から入れてもらえと言っているように聞こえる。問題は地域にとって必須の施設かそうではないのかということではないか。

〈地方でのコンテナ扱い及び中枢中核港湾におけるコンテナ埠頭について〉

住田●ＮＨＫが報道した北九州港の放送を見たか。北九州にコンテナ埠頭など造ってどうするのか。

栢原●放送は極めて歪めて作られており、現在、北九州市を中心として正式に抗議の準備をしている。しかしＮＨＫは大変用心深く、指摘していることはすべて「と言われている」と伝聞でまとめており、ＮＨＫの発言とはしていない。

ところで住田顧問は、北九州港で現在どの程度の個数のコンテナが扱われているとお考えか。

住田●せいぜい3万か４万個であろう。

栢原●平成7年度は、阪神淡路大震災の影響があるが45万個、8年度は35万個である。コンテナは通常の荷姿であり、普遍化している。

住田●（ちょっとたじろいだ感じで……）運んでいるのは日本船か。

栢原●日本船も一部あるが、外国船が主である。

住田●日本海側の各港に寄港しているコンテナ船はほとんどが韓国あるいは中国の船だ。財政が苦しい折に、国民の血税を使って外国船社を儲けさせてどうするのだ。

栢原●運んでいるのは日本が必要としている貨物である。

住田●そのようなことを言っているのではない。大型岸壁を造り外国船社が大型船を投入できるようになりコストが下がっても、運賃には反映されず、儲けるのは外国船社だということだ。運びたければ、既存の岸壁に入港できる小型船で運ばせればよいのだ。

（注意!! 前回までは、「外国船社しか使わない港を造るのはおかしい」と言っておられたが、「では、成田は日本の航空会社にのみ離着陸を認めるのか」と反論したことへの回答として、コストのことを持ち出された。これはこれでひとつの理屈。しかし……）

栢原●地方に定期的に入港しているコンテナ船は、定期船同盟（運賃同盟）に加盟しているような船社ではない。競争下では運賃は下がり、日本の荷主にメリットは還元されると考えている。先ほどのトラックの運賃と同じことではないのか。

住田●日本の船社は、「大型コンテナ岸壁はもう日本に十分である」と言っている。

栢原●言っておられるのはA社と思われるが、何度も申し上げるように、その発言の前に「我が社の経営にとって」とつけていただきたい。以前顧問のお話にあったように、A社は「日本にはコンテナ埠頭は大阪湾と東京湾の2港で十分」と言い、「15メートル岸壁は5つもあれば十分」と言っておられるらしいが、そのA社は15メートル岸壁を神戸港で2バース、東京湾で2バース借り受けようとしている。1社で日本が必要とする輸送を担うつもりか。B社はどこの岸壁を使えばよいのか。日本経済は首都圏と近畿圏だけで成り立っているわけではない。海外との取引で成り立っている企業は地方にも多くいる。彼らが二大湾にコンテナを運ぶ費用は誰が負担してくれるのか。

住田●仙台や新潟で5000個や6000個も積み卸しするわけではない。なぜ15メートル岸壁が必要なのか。

栢原●1港で積み卸しするのは地方の中核港で100～200個、大港湾のターミナルで1000個程度であろう。しかし、最初の寄港港あるいは最終の寄港港になれば、たとえ貨物は少なくともフル喫水が必要となる。中間港である清水港ですら水深が足らず清水港で降ろす予定の貨物の一部を横浜港で降ろして陸送することにより喫水調整をしてから清水に入港しているほどである。

住田●時折寄港する大型船のため、大型バースを造るのは無駄である。

栢原●顧問のご意見は、乗用車は10台走るが大型トレーラーは1台しか走らない道路を大型トレーラーの規格で造ることは無駄であるということか。

住田●そのとおりだ。

栢原●（絶句）

〈**なぜ港湾か**〉

（住田さんが金沢港を視察された折、案内した県の職員に「私が港湾のことを調べているのは港湾投資の無駄を止めさせれば、新幹線のＪＲ負担金ぐらいは出ると考えているからだ」と述べたと報告されている……）

栢原●顧問のお考えに従えば無駄な投資は至るところにあると思うが、なぜ港湾を取り上げるのか。

住田●私は運輸行政では、港湾と空港に詳しいからだ。

栢原●では空港を取り上げられたらいかがか。

住田●福島空港など無駄だと考えている。

栢原●神戸はどうか。

住田●神戸も無駄である。最初の本にはそう書いてある。

栢原●書いただけでは事態は進んでいる。なぜ引き続き主張されないのか。

住田●空港は利用者負担で造っているからである。

栢原●それは誤解である。資料のつくり方でそのような印象となっているだけであり、利用者負担比率、逆に言えば公的負担比率は、港湾も空港も大きな差はない。また、空港特会を通じた内部補助の仕組みを見逃しておられる。顧問のお立場で最も効果的なのは、鉄道分野の無駄を明らかにすることではないのか。

私は、新幹線は札幌から鹿児島までの背骨と、2大都市圏のバイパスである北陸新幹線を、21世紀の人々に我々が残すべき国土の骨格と考え、四全総にもそう書いた。しかしそれらをすべて東海道新幹線並の大型断面で建設する必要はない。標準軌の専用軌道とすべきだとは思うが、盛岡以北、長野以遠、博多以南等、特にトンネルの多い区間は「つばさ」「こまち」タイプの断面(在来線の断面)で十分ではないのか。夜遅い上越新幹線の長岡から先など、1車両に2~3人の乗客ということもまれではなく不気味なほどである。

住田●JR東日本はそういう努力は続けている。しかし、新幹線は政治がゆがめているので仕方がない。

栢原●「政治がゆがめたものは仕方がない」というのであれば、無駄と言っておられる過去に手を着けた各地の港湾も、同じことである。

〈議論後の印象〉

私の印象を以下にまとめておきたい。

①住田さんは、かつて乱立していた海運会社を6グループに再編し日本の海運を再興された功労者のおひとりではあるが、定期船同盟をフレームとし、荷動きの少ない古い時代の海運屋さんであり、生産や消費分野でアウトソーシングが進み、加えて国際間輸送でコンテナが普遍化しているという今日の

アジアの海上輸送の状況には理解が及んでいない。

②「玄関論」「乗用車トレーラー論」に見られるごとく、社会資本と民間資本の区別がついていない。社会資本の使命と宿命についてほとんど理解していない。

③倒産のリスクを負っている民の判断は常に正しく、責任をとらなくてもよい官の判断は間違っていると決めつけている。同様に、地方公共団体は正しく、国から無理難題を強制されて困っていると考えている。民も官も、地方も国も、いずれも欠陥を持っていることは、連日の新聞報道で明らかである。

〈**「伝えること」の補論――情報は共有してこそ力を発揮する**〉

このコピーは、その日の午後には港湾局長、計画課長に渡した。さらに、住田さんの行動に港湾局と同じように苦しめられていた次官、会計課長にも渡した。すると、その日の夕方には、庁内ですれ違った数名の事務系の幹部から「大変でしたね」と声をかけられ、事務官の世界では幹部にコピーが直ちに配付されたことを知った。

一方、港湾局は2、3週間後に某課長とこの話をしたところ、この記録の存在を全く知らなかった。情報は共有されてこそ力を発揮する。どこを攻めても同じ答えが返ってきてこそ手ごわい相手となる。港湾局はここまで自分たちの組織や仕事を叩かれていながら、危機意識が薄いのが残念だった。

第3章　記憶に残る仕事

　これまでの仕事人生、特に運輸省や国土庁に勤務していた現職の公務員であったころの記憶に残る仕事をいくつか紹介したい。「手柄話をとくとくと述べて」と思われる方もいると思うが、一介の技術者であった筆者にもできたのだと思って読んでほしい。そのきっかけは第1章で述べたように「好奇心」である。加えて、「気づいたことをいつか試してみたい」という技術屋としての探求心のようなものも作用している。

（1）船舶占有面積のレーダー観測を思いつく

　取り立てて紹介するほどの仕事ではないが、社会人となって「自分が役に立った」と思える初めての体験や記憶は、いつまでも忘れない。「好奇心」が役立った事例である。

　勤務1年目のある日のこと、私の職場である二建の企画課に、上司の青木義典係長を船舶技術研究所（現在の海上技術安全研究所）の藤井弥平博士が訪ねてこられた。藤井博士はそのころ、狭水道（狭い水路）の船舶航行容量を明らかにするために、航行中の1隻の船が占める面積（占有面積）を明らかにしようとされていた。自動車も衝突や接触を避けるために、前後左右にある程度の間隔を空ける。船舶も同じである。その間隔は、自動車もそうであるように船の大きさとスピードによって変化する。大きく広がった海面では問題はないが、東京湾の入り口のような狭い水域（水道）では、これによって一定時間に通過できる船の数が決まってくる。

「浦賀水道（東京湾口）の船舶航行容量を明らかにするために、船舶の占有面積を把握したい。そのために浦賀水道の上空にカメラを吊るした風船を上げて写真を撮り、その写真を解析して1隻の船と周辺の船との関係を把握したい。二建に協力をしてもらいたい」というのが、藤井博士の協力要請であった。

仕事をしながら私は藤井博士と青木係長の会話に興味を持った。そして思わず口をはさんだ。「博士、どうやってカメラのレンズを浦賀水道に向けておくのですか」。

博士は横から口をはさんだ私に嫌な顔をせずに「それが問題です。いまのところ手段がありません。ですから無数に写真を撮り、海面を写している有効な写真のみ利用します」と答えてくださった。「いまだったら、たとえ風船に吊り下げられたカメラであっても、遠隔操作でレンズの向きやズームなどの操作は容易であろう。撮影時刻も記録される。

そこで私は思わず、考えていることを提案した。「船のレーダー画像を写真に撮るほうが確実ではありませんか」。青木係長は、突然口をはさんできた部下に嫌な顔もせずに言った。「んっ？　やれるかもしれないね。やってみようか」。

青木係長の行動は早かった。当時、京浜港工事事務所には、第3海堡の巨大ながれきを撤去するための大型グラブ浚渫船「上総丸」があった。２週間ほど後のこと、上総丸を横浜港の沖に出してテストが行われた。テストが始まってしばらくすると、レーダースコープを覗き込み、時折写真を撮っていた藤井博士が、顔を上げて満足そうに言った。「いけます。これで大丈夫です」。

それから4年後、私は五建の企画課にいて、伊勢湾口（伊良湖水道）の航行容量を調査することとなった。そのとき、共同調査を実施してくれた港湾技術研究所は、すでに小型ボックスカーにミリ波レーダーを搭載した観測車を持っていた。ミリ波レーダーを利用することにより、船舶の大きさも画像で把握できるようになっていた。

私がレーダー画像の利用を思いつかなくとも、すでにその有効性に気づいていた人がいたかもしれない。しかし、研究の先端をいっていた藤井弥平博士がレーダーの利用を考えておられなかったのだから、そのきっかけは二建の企画課かもしれない。そうだとしたら、これが、私がそして私の「好奇心」が仕事で役に立った最初の経験である。

（２）将来展望に基づいた港湾事業調査費の要求

１９６９年（昭和44）４月から五建の企画課に異動して調査係長となった。

調査係の仕事は、第１篇で紹介した「自動車航送船の輸送実態と将来展望」のように、港湾に影響を与える社会の動きを明らかにして必要な事業を構想し、港湾計画に反映することにある。港湾事業調査は港湾建設局の将来を決めると言っても過言ではない。そのために各局とも港湾事業調査費の予算要求には力を注ぎ、数多くの調査テーマを考えて本省に持ち込んだ。

高度経済成長期をひた走っていた日本は、すべての分野で未経験の出来事に出会っていた。コンテナ船の初寄港、新全総に計画された「大規模工業基地構想」、「大規模レクリエーション基地構想」

といった大型のプロジェクトの調査も、経済企画庁が配分する「調査調整費」を使って進められていた。港湾事業調査費も調査すべきテーマは数多くあり、各建設局が調査項目の多さを誇るようなところがあった。しかしまだ起こっていないことを調査しようというのだから、その調査が必要であるかどうかの判断の材料もない。そこで、まず調査の背景として、港に起こるだろう現象を、「港と都市」「流通拠点」などの分野（系）ごとに、5年ごとにどのようなことが予想されるのか「社会的要請と現象」を整理し、次にそれぞれの「系」ごとに「調査項目」を考えることにした。「社会変化→港への影響→調査項目」という手順である。

当時は調査担当のコンサルタントなどまだ育っていなかったので、すべて自分たちで考えたのだが、港湾局計画課の調査担当補佐官が評価してくれて、次年度から全国の標準スタイルとして採用されることになった。しかし、残念なことにこの手法は長続きしなかったようだ。ずっと後のことになるが、港湾事業調査費の予算要求の説明を終えた某局の企画課長が、「私たちの建設局は来年度約60本の調査を要求します。よく考えたでしょう」と誇らしげに私に報告してくれた。ひとつの局で1年間に60本の調査を要求するとは焦点が定まっていない証拠ではないかと思ったが、若い課長の誇らしげな気持ちを傷つけてはならないと思い、否定はしなかった。

小さな仕事でも体系的にあるいは分析的に考え、積み上げていくことが、説得力を持ち、かつ変化に柔軟に対応できる基本ではないかと考えている。

自画自賛に過ぎるかもしれないが、その時の五建の調査予算要求の基礎となった一連の表を紹介したい。

昭和47年度港湾事業調査費要求書（付属資料）
調査の背景（1）社会的要請及び現象の予測

系	項目	現象		
		46年～50年	51年～55年	56年以降
港と都市	運河	道路混雑緩和のため注目される	都市内水路の利用（ラッシュ・バージライン）	自動チューブ輸送方式
	鉄道	フレートライナー		
	道路	大型トラック規制	湾岸道路	
	パイプライン			
流通拠点	定期船及びコンテナ	主要航路コンテナ化、航路集約化	在来船寄港地制限、外航フィーダー	流通拠点再整備
	トランパー及びフェリー	消費物資コンビナート化（住宅、建設資材）、長距離フェリー	（生鮮食品、印刷）観光フェリー	
	貨物空港	航空貨物増加	航空を含めた複合ターミナル	海上空港
	臨港地区	臨港地区の再開発	運河筋を含む都心の再開発	新規開発
工業開発	輸送	20万トン級	30万トン級	50万トン級 or 海外（海上加工）
	用地・用水	河川水	河口堰、点線計画着手	留保区域着手、再開発、海水利用
	電力	石油とコンビナート形成	遠隔地発電、揚水発電	潮汐発電
公害と防災	水質保全	模型実験（渥美運河 etc.）湾内汚染	海洋汚染、臨海部処理、企業レイアウトによるコントロール	伊勢湾横断堤
	安全	伊良湖水道整備、防潮堤（壁）	全天候港湾、湾内航路	港内航行管制
観光及びレクリエーション	ヨット・モーターボート	ボートブーム（マリーナ期）	大衆ヨットブーム（ヨットハーバー期）スキューバ	複合化、高度化
	緑地導入	意識の高まり	港湾の公園化	
	レクリエーション、リゾート	既存海浜の整備、海浜プール、遠隔地化 民間企業小規模開発	人工海浜	

昭和47年度港湾事業調査費要求書（付属資料）
調査の背景（2）調査項目の整理

系	項目	現象	調査
港と都市	運河	都市内水路の利用	臨港地区再開発調査
	臨港地区	運河筋を含めた都心の再開発 臨港地区の再開発 道路混雑緩和のために注目される	都市内水路の利用実態調査 再開発マスタープラン調査
	鉄道	フレートライナー	港湾発生貨物調査
	道路	大型トラック規制　湾岸道路	埠頭発生交通量調査
流通拠点	定期船及びコンテナ	主要航路コンテナ化 航路集約化 在来船寄港地制限 外航フィーダー	定期船港調査…東海地方における定期船港の再配置（含コンテナ） 輸出入貨物流動調査 流動要因①荷主の意識②定期船運航形態…運航コスト、航路集約、抜港③輸送コスト…主要外貿貨物（羊毛、綿花、陶磁器等）の流動マップ・コストマップ、タイムマップ 北陸、近畿輸出入貨物流動調査 高速道路の港湾に与える影響…発生貨物、流通コスト
	トランパー及びフェリー	消費物資コンビナート化 観光フェリー、長距離フェリー	フェリー輸送における東海地方の位置 内航フィーダーの可能性…意識、企業動向、コスト、埠頭計画、発生貨物、観光フェリー 消費物資流動調査（食品、木材、印刷／製紙、飼料、コンビナートの実態及びコスト）
	新規開発	東海地方における流通拠点の整備	新規港湾開発地点の調査(鈴鹿、常滑、浜松、沼津) 開発留保区域の現況（住民意識、経済地理他）
工業開発及び公害と防災	輸送及び安全	伊良湖水道整備＋湾内航路→航路体系整備	伊良湖水道整備（湾外及び伊良湖水道） 航路規模設定…航行量、航行容量 投資効果の検討…漁業実態、代替航路 原油輸入基地及びパイプライン 湾内水面の活用 船舶OD／湾岸道路（発生貨物及び湾岸交通のOD） 航路整備必要性の検討（三河、知多、一色、師崎、中山水道、布施田）
	水質保全		汚濁現況　水質及び底質／工場廃水の量と質／流入河川／都市下水の量と質 臨海部における廃棄物処理手法と経済性の検討
観光及びレクリエーション	ヨット、モーターボート	ボートブーム 大衆ヨット時代	ヨットハーバー調査 意識及び実態調査／需要予測／ヨットハーバー開発地点調査／関連施設調査
	レクリエーション、リゾート	既存海浜の整備、海浜プール 海水浴の遠隔地化 民間企業による小規模開発 人工海浜（養浜etc.）	観光需要調査 東海地方における意識調査 開発地点の調査（再開発、新規開発）
	緑地導入	港湾の公園化	都市生活における港湾の役割

（３）岸壁の液状化の可能性の点検と対策工事の実施

「なぜ？」という好奇心と「何か変だ」という疑問が成果に結びついたのは、１９８３（昭和58）年5月26日に発生した「日本海中部地震」の時である。この時私は港湾局災害対策室長だった。旧雄物川の河口両岸に築造されていた秋田港は、砂地盤の液状化によりほぼ全滅した。砂地盤の液状化現象は、１９６４年の「新潟地震」の時にそのメカニズムが解明されており、１９６５年に港湾局がまとめた「港湾構造物設計基準」には、液状化するか否かの判定法、港湾構造物の耐液状化の設計法も定められていた。それにもかかわらず、液状化を原因として多くの構造物が破壊された。

「なぜ、液状化の可能性を見過ごしたか」という疑問は膨れ上がり、設計を担当した新潟調査設計事務所の所長にも「設計基準」に基づいて液状化の可能性の有無を判定したのかを尋ね、港湾技術研究所から出ていたいくつかの論文にも眼を通した。そして技術基準が極めて危険な運用をされているのではないかという疑問を持った。

新潟地震の経験を踏まえた当時の設計基準では、地盤の最大加速度と砂地盤の限界N値によって対策の要否を判定することとなっていた。問題はこの最大加速度の想定の仕方にあった。

構造物の耐震設計には、河角博士の設計震度が用いられていた。これは過去の多数の加速度のデータから、75年確率の加速度を設定して、地域別震度としていた。構造物の設計に当たっては、地域別震度を地盤条件や構造物の重要度を考慮して補正し設定される。液状化の可能性の判定にはこのようにして設定した震度を加速度に戻して設計するのが整合している。

東北地方の地域別震度が０・10であることから、それに重力の加速度９８０ガルを乗じて、秋田港においては地盤の最大加速度を１００ガルとして液状化の検討されていたのだ。その結果１９６５年以降に設計された岸壁も液状化の恐れなしと判断されていたのだ。しかし実際に秋田港で観測された水平最大合成加速度は２２２ガルであり、想定された加速度を2倍以上も上回っている。地域別震度をこのような手順で最大加速度に置き換えていいのであろうかという疑問が頭の中で渦を巻いている時に、港研の上部氏の論文の中に1枚の図を見つけた。そこには、地域別震度をもとに仮定した加速度をはるかに上回る加速度が各地で多数観測されている事実が明らかにされていた。

そのことに気づいて設計基準担当者のところに駆け込み、「地域別震度を想定加速度に置き換える運用は危険」との注意を各建設局の調査設計事務所に出してくれるように頼んだ。しかし、悲しいことに私の現場経験の少なさが障壁となり、簡単に耳を傾けてはくれなかった。毎日のように頼みに行き、1週間ほどたったある日、佐藤孝夫さんが、港湾技術研究所の土田構造部長に「栢原がうるさい」と電話をしてくれた。土田部長の「栢原が正しいかもしれない」という答えが突破口を開いた。

港研は土質部・構造部・設計基準部の関係者によるプロジェクトチームを編成し、それらの人々は通常の研究活動をひとまず休止し、わずか6カ月で「液状化対策技術マニュアル」をまとめてくださった。基盤の最大加速度も地域別に定められた。現場と常に一体の港研の伝統を目の当たりにした思いであった。

新しい技術マニュアルに基づく対策工事は、調査の結果対策工事が必要であると判断された全国

２２４の直轄岸壁で進められることとなり、数年後にすべての対策工事が完了した。阪神淡路大震災の後、高速道路の橋脚、地下鉄の支柱などが座屈しないように補強工事が実施されたが、港湾構造物の世界では、およそ10年も早く既存構造物に対する補強工事が実施されていたことになる。

なお、対策工事の効果はあまり時日を置かず証明された。

釧路港で連続する2つの水産物埠頭の液状化対策工事を計画したところ、ひとつの埠頭は背後の上屋のひさしが大きく張り出しており工事に時間を要することから利用者の同意が得られず、やむなくひとつの埠頭のみ対策を実施した。対策工事が終了した直後、「１９９３年釧路沖地震」が発生した。液状化対策工事を実施した岸壁は無傷で残り、対策ができなかった岸壁は液状化のために大きく被災し、利用できなくなった。

全国に及ぶ大規模な補修工事が、財政当局もその必要性を直ちに認め、円滑に進められたのには、次のようなポイントがあったと思っている。

①対策工事の必要性が、新しい「液状化技術マニュアル」で明確に説明されたこと
②事前に点検調査を行い、液状化の可能性がある施設に限定したこと
③対象施設を、直轄の大型岸壁に限定したこと
④この結果全体計画（全体像）が明確であったこと

特に④の全体計画の明確化が、大きかったと考えている。

だいぶ後のことになるが、ある地方整備局管内の港湾で岸壁背後の裏込め土が吸い出されて空洞

化し、その対策工事が必要となった。そこで毎年度の予算要求の中でひとつずつ取り上げて事業化していたところ「維持補修工事」であるとされて、港湾管理者が単独事業として実施せざるを得なくなったと聞いた。問題の所在に気づき、空洞発見の技術開発までしていながら、毎年度の予算要求の種としてしまったことはまことに残念なことである。

（４）直轄岸壁のエプロンの再舗装

前項の一環として「記憶の引き出し」が開いた事例を報告したい。

１９８３（昭和58）年10月に、災害対策室長として大阪湾諸港の海岸防災施設の状況を視察するために出張した。この視察で陸閘、閘門の維持塗装が十分に行われておらず錆まみれであることも気になったが、岸壁のエプロン（荷揚げ場）、中でも直轄岸壁のエプロンが痛んでいることがそれ以上に気になった。尋ねると、維持補修は管理委託した港湾管理者の責任であり、国の予算がつかないためということだった。直轄岸壁、つまり国有施設がこの状態でよいのか。なんとかしたいと考えたが、災害対策室長の力の及ぶところではなく、「課題」として「記憶の引き出し」にしまった。

日本海中部地震から半年ほどたって、新しい「液状化対策技術マニュアル」がまとめられ、年度途中であったが全国の対象構造物の点検調査が組まれた。その結果液状化の可能性があると判明した岸壁については、管理委託を解いて施設を国に戻して直轄事業として液状化対策工事を実施することとなった。翌年度から数年かけて液状化対策工事が進められることとなったが、これが決まった時に私の頭の中で考えたことは「これで直轄岸壁のエプロンの再舗装もできる」ということであった。

（５）大規模地震に備えた岸壁の整備

「日本海中部地震（１９８３）」の震災復旧が軌道に乗り始めたころに、ひとつの疑問が私の頭の中に広がり始めた。

先に述べたようにこの地震によって秋田港の港湾施設はほぼ全壊し、港湾の機能は果たせなくなった。一方、内陸部の被災は幸い壊滅的ではなく、比較的早期に通常活動に戻った。しかし秋田港が利用できないために、青森県下の港など他港に貨物を揚げて陸送することによって企業活動を支えていた。現地を視察された時の中曽根総理から、「港湾の復旧を急ぐように」という異例の指示まで出されることになった。

この地震では想定されていた設計震度を上回る外力がかかった。だから港湾施設が全壊しても不思議ではない。しかし……と思った。「港湾は国民の生活と経済活動を支える」と言っているのであれば、機能の「壊滅」を避ける手段をあらかじめ講じておくべきではないのか。建物に非常階段があるごとく、主要な港にはその地域がかつて経験した最大の地震にも生き残る、耐震性を強化した港湾施設を整備しておくべきではないのか。その施設は被災直後には救援活動に貢献し、それが落ち着いた段階では、人々の暮らしと地域の経済活動を最低限支えることに役立つだろう。

そう考えて、東海地震対策など一部地域で進められていた耐震性強化バースの全国展開を思いついた。早速、日本港湾協会に委員会を設置して検討を進めることにした。岡部保港湾協会理事長に委員長をお願いして、東大地震研、東海地震対策を進めている静岡県の関係者など、幅広い委員に参加していただいて、半年ほどで「港湾における大規模地震対策施設の整備構想」を取りまとめた。構想の骨格を私が考え、京都大学防災研究所で大学院生活を終え、地震直前の４月から運輸省に勤務することとなった大脇崇さんがその理論を整理した。岡部委員長は「君たちのやることに間違いはないだろう」と、委員会を取りまとめてくださった。

こうして地震の翌年の夏、１９８４（昭和59）年８月に構想がまとまった。早速、広報室に記者発表をしたいと申し入れた。長尾正和広報室長は構想の概要を聞きながらこう言った。「いま発表してもベタ記事にしかなりません。しばらく待って、９月の来年度予算要求の説明の中に入れてはどうですか。きっと運輸省の来年度予算の目玉になります」。

しばらく待って８月28日、翌年度の予算要求概要を各局が発表する記者発表の中で港湾局はこれを発表した。３大紙のみならず、当時はこのような「社会ネタ」には距離を置いていた日経新聞も１年前の秋田港の被災状況の写真を再度掲載し、１面で大きく扱ってくれた。大蔵省も翌年度の予算からの実施を認めてくれた。こうして全国を対象とした「港湾における大規模地震対策施設の整備構想」は動き出した。

構想は全国の１３７港を対象に、新たに３２０～３５０バースを整備するというかなりの規模の構想であったにもかかわらず、大蔵省もこの構想を全面的に支援してくれた。理由は次の４４つであったと考えている。
①事業の目的（スキーム）がはっきりしていること
②対象港湾を地震予知連絡会議が警戒地域としている地域の港に限ったこと
③中核港と補完港を組み合わせて港湾機能を確保しようとしたこと
④通常の岸壁に比べて20～30パーセントの工事費増で可能であったこと
港湾局としてこのプロジェクトを誇りにできるエピソードを紹介したい。

日本海中部地震から12年後の１９９５（平成７）年1月17日、阪神淡路大震災が起き、神戸市を中心とする沿岸部の都市は大きな被害を受けた。土木学会は調査のために中村英夫会長を団長とする調査団を直ちに現地に派遣した。その中村先生から港湾局長室に電話をいただいた。神戸港の摩耶埠頭からであった。

「神戸に入り、すべての土木構造物が破壊されているのを見て、我々はこれまで何をしてきたのかと打ちのめされていた。ところが神戸港の麻耶埠頭に来てみると、無傷の岸壁で自衛隊やＮＴＴの船が復興機材を陸揚げしている。案内をしてくれていた三建の人に、どうしてこの岸壁は生き残ったのだと尋ねたところ、大規模な地震を想定して造った大規模地震対策岸壁ですという答えが返ってきた。それを聞いた瞬間、やればよいのだ、我々にはまだやらなければならないことがあると気づき、勇気が涌いた。ありがとう‼」。最後のほうは涙声だったように思ったが、電話ではよく分からなかった。

この事業はその後１９９６（平成８）年12月に、

・中央防災会議が指定する「観測強化地域」「特定観測地域」とその周辺に限っていた対象地域を、全国に拡大する

・緊急物資などの輸送を目的として対象を一般バースに限っていたが、国際海上コンテナターミナルなども対象に加えて幹線貨物輸送機能の確保を目指す

・港湾の空間を生かして、被災者の避難広場、復興支援車両などの支援基地を計画する

といった改訂が加えられ、今日なお港湾整備事業のひとつの柱となっている。

（6）全国の市区町村長の三全総への要望の調査

三全総の策定作業を進めていた国土庁で、私が属する総括班の仕事は、計画課長の下で計画作業全体の調整役を務めることであったが、時々担当すべき班がはっきりしない課題を担当することもあった。

全国の市区町村長の「三全総」への要望の調査もそのひとつである。ある日、下河辺局長から「全国の市区町村長を対象に、それぞれの町の課題、三全総に対する要望を調べよ」という課題がおりてきた。当時、全国の市区町村数は３２７９あり、整理を考えると回答候補をいくつか並べて選択してもらう以外にない。数日後に回答を選択する形のアンケートの原案を持って局長に説明した。局長は不機嫌な顔をして、「君は選挙で選ばれた首長さんに、小学生に求めるようなことをするのか。回答はすべて自由に記述する方式にせよ」と命じられた。３３００にも達しようとする首長さんの記述式の回答をどう整理するというのだと思ったが、下河辺さんに反論は意味のないことであった。もしかすると局

長の頭には「集計」などのイメージはなく、回答に自ら眼を通すということであったかもしれない。しかし「集計はしない」では回答した市町村はともかく、「三全総」の動きを追っている記者クラブは納得しないだろう。とりあえず回答スペースを十分にとったA3版4頁の調査票をつくり全国に発送した。

余談だが、すぐ自治省（現在の総務省）からクレームがついた。「国の機関が、基礎自治体の意向を直接調査しようとするのは地方自治の侵害である。回答はそのまま自治省に引き渡してほしい」。局長には報告したが、そのままアンケート調査は進めた。全国総合開発計画は「国土総合開発法」に規定されているように我が国の神羅万象を対象としている。「それは我が省の所管事項。手を出すな」というクレームはしばしばあったが、それでは全総は扱うことがなくなってしまう。

市区町村の三全総への期待の方が高く、回答は続々と集まり最終的には93パーセント弱、3036の市区町村から回答があった。しかも、びっしり文章が書かれている。どう整理し、集計するのか頭を抱えた。悩みつつ回答を読んでいると、それぞれの項目ごとに共通する単語が出てくることに気づいた。たとえば「緊急に解決を要する課題」という質問項目では「上下水道の整備」「人口流出」などである。「後継者の確保」などもあった。そこで「キーワードによる整理」を思いついた。すでに集まっていた回答の中から300市区町村の回答を持って、7人の仲間が箱根の宿に1週間こもり、回答を1件ずつ読んでそこに出てくる単語（キーワード）の一覧をつくった。その「キーワード表」と共に全回答を集計会社に渡して、回答の分析を依頼した。

下河辺局長がこのアンケートをどのように利用しようと考えて実施されたのかは不明であるが、計

市区町村長の要望（集計結果の一部―集計のためのキーワードのイメージ）

	全国			既成市街地			人口急増		
市区町村数	3,279			36			681		
総回答項目数	8,821			113			1,973		
1位	上下水道	721	8.17	都市防災・公害対策	11	9.73	上下水道	259	13.13
2位	学校教育	685	7.77	財源	8	7.08	学校教育	233	11.81
3位	道路	650	7.37	上下水道	7	6.19	処理施設	132	6.69
4位	農業基盤	396	4.49	市街地再開発および区画整理	7	6.19	都市施設生活環境	109	5.52
5位	処理施設	383	4.34	道路	6	5.31	道路	88	4.46
6位	都市施設生活環境	381	4.32	学校教育	6	5.31	水資源・河川	76	3.85
7位	水資源・河川	355	4.02	都市施設生活環境	5	4.42	市街地再開発および区画整理	72	3.65
8位	街路・生活道路・駐車場	276	3.13	交通総合	5	4.42	財源	65	3.29
9位	国土保全・防災	270	3.06				国土保全・防災	63	3.19
10位	農林漁業総合	255	2.89				街路・生活道路・駐車場	63	3.19

	新産都市			離島			過疎		
市区町村数	263			204			1,093		
総回答項目数	730			603			2,900		
1位	上下水道	75	10.27	道路	53	8.79	道路	261	9.00
2位	道路	61	8.36	港湾・航路	45	7.64	農業基盤	183	6.31
3位	学校教育	55	7.53	水資源・河川	40	6.63	学校教育	177	6.10
4位	都市施設生活環境	37	5.07	水産業（漁港・漁場）	32	5.31	農林漁業総合	140	4.83
5位	農業基盤	32	4.38	上下水道	30	4.98	過疎	115	3.97
6位	処理施設	30	4.11	医療	28	4.64	上下水道	113	3.90
7位	街路・生活道路・駐車場	29	3.97	処理施設	27	4.48	水資源・河川	111	3.83
8位	水資源・河川	25	3.42	学校教育	23	3.91	都市施設生活環境	110	3.79
9位	社会教育	24	3.29	街路・生活道路・駐車場	22	3.65	街路・生活道路・駐車場	93	3.21
10位	市街地再開発および区画整理	19	2.60	農林漁業総合	16	2.65	適正配置地方分散	82	2.83

注：地域開発等に係る指定地域別集計のうち５地域のみ掲げた。

出典：国土総合開発審議会委員懇談会（1977年5月24日）

画課の部屋の隅に積み上がった回答は時折課の職員が目を通し、自らの作業の参考にしていた。

このアンケート調査をどう読むかについては、注意が必要であった。「整備すべきインフラ」の回答で、内陸部の市町村長から「港湾」や「漁港」が出てくることはない。一方、「道路」は殆どの市町村長が上げてくるが、計画関係者が誰しも思う「高速道路」ではなく、「県庁所在地への道路」であったり、「山奥の集落への道路」であったりする。

首長さんの悩みも千差万別である。東京都青ヶ島村の村長さんは「若い島民に嫁さんを探すことが町の最大の課題」と回答してきた。当時青ヶ島村の人口は３５０人ほどではなかったかと記憶している。現在は２００人を切っているが、課題は解決しただろうか。

（７）一晩で書いた「課題地域・四国西南」の計画文

三全総の作業のために国土庁に出向するまでに、二建企画課、五建設計室・企画課、港湾局計画課と、都合６年間の港湾局の勤務を経験していた。港湾局では、調査、計画のための管内の出張が多かったが、出張のために地方に出かけたならば、港だけではなく内陸の背後地域（ヒンターランド）を広く見てくるように指導された。それは背後地域の活動の結果が港湾に反映されるからであろう。港湾局の中では「ヒンターランド」という言葉が日常的に使われていた。これは地域の姿を把握するだけでなく、むつ地域、三陸沿岸などの地方ごとのイメージをつくり上げることにもなった。それが三全総の作業の中で突然役立った。

「国土の均衡ある発展」という課題を背負って最初の全総計画（一全総）から努力を続けてきた結果、都道府県を単位とした地域間格差は三全総策定のころにはかなり縮小していた。しかし、積雪寒冷地域の「北東北」、台風常襲地帯の「南九州」は全国と比較して格差が大きく残っており、このためこれらの地域を「課題地域」として開発を促進することにした。ところが、閣議決定直前に、台風常襲地帯であり交通過疎地である「四国西南地域」も課題地域として取り上げるべきという声が政府与党から強く出た。確かに「四国西南地域（高知県足摺地方、宿毛地方）」も、格差の状況は県単位では現れないが、地域単位では南九州と同様であった。

担当者のいない課題を担当するのも総括課長補佐のひとつの仕事と述べたが、「四国西南地域の計画づくり」がその典型となった。私は局長室に呼ばれ、「明日までに四国西南地域の計画案文をつくれ」と命じられた。

現地の経験は、経企庁時代に「高知市～中村市～足摺岬～宿毛湾から愛媛県海岸部」を視察したことがあり、現地の映像が頭に残っていた。それに加えて港湾局での訓練が役立った。こうして書きあげた「四国西南地域」の計画案文は、翌日局長が多少手を入れただけでパスし、閣議決定に間に合った。次の文章がそれである。

「四国西南地域は、平地が乏しく、かつ、脆弱な地質、台風常襲地帯であること等の制約的な自然条件を持ち、更に交通基盤等の整備が立ち遅れ、既成の集積地との連携が困難な状況にある。この結果、産業の発展が遅れ、若年層の流出が続いて人口構造の老齢化が著しく進んだ地域となっている。

このため、豊かな水資源、森林資源、水産資源、恵まれた自然景観、温暖多照の気候、良好な開口性湾域などすぐれた条件を活用し、自然環境の保全、国土の保全を図りつつ、特に施設園芸、畜産等を主体とする農業、林業、水産業、地場産業、観光レクリエーション等を振興し、新たに工業等の導入に努め、交通体系の整備を促進するとともに、教育、文化、医療機能を含めた総合的居住環境の整備を図る。」

出張の機会に広く地域を見るというかつての港湾局の伝統に関して、御厨貴教授が「文芸春秋」のなかで、下河辺さんの次のような話を紹介している。「私は内務省の血を引いているのだと思う。内務省では地方調査に赴いて詳細なレポートを提出するという古い習わしを一人実践していた」（文芸春秋　電子版　２０２３年7月9日「代表的日本人１００人　肩書のない下河辺淳」）最近は忙しいという理由で、地方の委員会などに参加しても日帰りする人が多いように見受けるが、それが本当に国費と時間を有効に使っているのかどうか、さらには自分自身や組織の力を高めることになっているかどうか、考えるべきであると思う。

（8）「ふるさと」は政策的につくり得るか（四全総）

三全総の10年後、１９８４（昭和59）年10月に、私は四全総の作業を控えた国土庁計画・調整局の計画官として国土庁へ出向することになった。担当は交通体系、通信体系、リゾート開発はもとより、その他の所属のはっきりしない分野を担当する「基盤班」であった。

下河辺さんは国土事務次官を務めた後に退官され、国土審議会の計画部会長をしておられた。運輸省から出向した御巫清泰さんが計画担当の審議官として、星野進保局長とともに計画作業の指揮を執っておられた。

「四全総」は1987（昭和62）年6月に閣議決定されたが、その作業が大詰めを迎えているころから「ふるさと創生論」を唱えておられる竹下登氏が次期首相ということが確実となり、先行する四全総の政策と「ふるさと創生論」の軌道が一致していることが求められた。

そこで、「ふるさと」とは何か、それは政策的（人為的）につくり出せるものか、「ふるさと創生」は国土政策として組み立てうるかを基盤班で検討することになった。

そもそも「ふるさと」とは何か。「生まれ故郷」とすれば、それは国民の数だけあるということになる。一人ひとりそのイメージが異なるだろう。「ふるさとを創り出す」と言っても、何を造れば「ふるさと」となるのか。基盤班で議論し、悩み、たどり着いたのは「ふるさと」という言葉に郷愁を感じる日本人の心理は、戦後のヒット歌謡曲にも現れているのではないかということであった。しかし、もうひとつの不安があった。21世紀は「都市化の時代」と言われていた。多くの国民が都会に住む。それらの人々にとって「ふるさと」とは何なのだろう。悩んでいるころ、基盤班でたびたび話題になる千昌夫さんの「北国の春」を家で歌った。「都会では季節が分からないだろと……」。すると小学校低学年だった娘が憤然と抗議してきた。「そんなことないよ。馬事公苑の緑を見ていたら季節が分かるよ‼」。この一言で、何に「ふるさと＝育った地域」を感じるか、それは都会っ子でも同じであると確信した。

そこで基盤班の数人に日本音楽著作権協会（ＪＡＳＲＡＣ）に行ってもらい、戦後のヒット歌謡曲の歌詞の分析をしてもらうことにした。いまでは、すべての歌曲の歌詞が電子データ化されているだろうから単語の出現頻度のカウントは簡単だろうが、当時はハードコピーのみ。分厚い歌曲集に掲載されている歌詞を一つひとつ読みながら、これはと思う単語を探し、その出現頻度をカウントした。そしてその単語から、故郷の構成要素（再現可能な施策）を見つけることとした。

次はその結果「ふるさと」を感じる要素の概要である。

〈日本人は何に「ふるさと」を感じているか〉

・故郷の要素１＝人：おふくろさん他家族、友人、先生

・故郷の要素２＝自然：季節の変化を鮮やかに感じさせる環境

みどり（植物）と水辺（水面）に加えて、大きな空が見えること。空は重要。空は春夏秋冬、表情を変える。

空が重要な要素であるために、遮るものが無く大きな空を見ることのできる池や湖、川岸、海のほとりといった水辺が重要である。大きな空が見えるだけでなく、水に映る空は季節によってその表情を変え、季節感を演出してくれる。季節によって変わる水の色、水面に映る空の色が季節をさらに明らかにする。

・故郷の要素３＝施設：学校、お寺、神社、鎮守の森など、ランドマークとなる建物。人と出会う

場の提供。

・**故郷の要素４**＝イベント（催事）：祭り、盆おどり、運動会など……イベントは思い出の宝庫。

全国総合開発計画の策定作業は常に手探りである。この「ふるさとのキーワード作業」もそのひとつであり、分析手法で悩み、その回答が出ても最善の方法だったのか、結論は正しいのかと悩んだ。

（９）「四全総」の開発方式を発想 ―「交流の促進による地域の活性化」という開発方式を思いつく

「全国総合開発計画（一全総）」（１９６２（昭和37）年）、「新全国総合開発計画（新全総）」（１９６９（昭和44）年）、「第三次全国総合開発計画（三全総）」（１９７７（昭和52）年）と歴史を重ねてきた全国総合開発計画には、共通する２つの基本的な要素があった。「開発の目標」とそれを達成する「開発方式」である。

「開発方式」は「開発のためのモデル」とも言える。一覧表で示せば、次表のごとくなる。

第５次
21世紀の国土のグランドデザイン
平成10年３月（1998年）
橋本内閣
1. 地球時代（地球環境問題、大競争、アジア諸国との交流） 2. 人口減少・高齢化時代 3. 高度情報化時代
阪神・淡路大震災（1995年）
平成22年から27年
多軸型国土構造の基礎づくり
1. 自立の促進と誇りの持てる地域の創造 2. 国土の安全と暮らしの安心の確保 3. 恵み豊かな自然の享受と継承 4. 活力ある経済社会の構築 5. 世界に開かれた国土の形成
地域連携軸構想（軸状の地域連携を全国土にわたり展開することにより、地域の自立促進と活力の創造を期待）

全国総合開発計画一覧（国土総合開発法に規定する計画）

	第１次	第２次	第３次	第４次
名称	全国総合開発計画	新全国 総合開発計画	第三次全国 総合開発計画	第四次全国 総合開発計画
閣議決定	昭和37年10月 （1962年）	昭和44年5月 （1969年）	昭和52年11月 （1977年）	昭和62年6月 （1987年）
策定時の内閣	池田内閣	佐藤内閣	福田内閣	中曽根内閣
背景	1.高度経済成長への移行 2.過大都市問題、所得格差の拡大	1.高度成長経済 2.人口、産業の大都市集中 3.情報化、国際化、技術革新の進展	1.安定成長経済 2.人口、産業の地方分散の兆し 3.国土資源、エネルギーの有限性の顕在化	1.人口、諸機能の東京一極集中 2.産業構造の急速な変化等により、地方圏での雇用問題の深刻化 3.本格的国際化の進展
計画に大きな影響を与えた出来事	国民所得倍増計画 （1960年）	明治100年 （1968年、 昭和43年）	ローマクラブ報告 「成長の限界」 （1970年）	プラザ合意 （1985年）
目標年次	昭和45年	昭和60年	昭和52年から 概ね10年間	概ね平成12年 （2000年）
基本目標	地域間の 均衡ある発展	豊かな環境の創造	人間居住の 総合的環境の整備	多極分散型 国土の構築
基本的課題	1.都市の過大化の防止と地域格差の是正 2.自然資源の有効利用 3.資本、労働、技術等の諸資源の適切な地域配分	1.長期に亘る人間と自然との調和 2.開発の基礎条件整備による開発可能性の全国土への拡大 3.地域特性を活かした開発整備による国土利用の再編効率化 4.安全、快適、文化的環境条件の整備保全	1.居住環境の総合的整備 2.国土の保全と利用 3.経済社会の新しい変化への対応	1.定住と交流による地域の活性化 2.国際化と世界都市機能の再編成 3.安全で質の高い国土環境の整備
開発方式	拠点開発構想 （既存大集積と結ばれた地方での開発拠点の形成。周辺への効果の波及を期待）	大規模プロジェクト構想 （遠隔地における大プロの展開とその結果としての開発可能性の全国土への拡大）	定住構想 （大都市圏における環境改善、地方圏における教育、文化、医療の水準の向上による定住感の向上）	交流ネットワーク構想 （交流の促進による地域の活性化、その結果としての多極分散型国土の形成）

注：第３次計画（三全総）が閣議決定された時に局長の指示によりこの項目建てで筆者が作成し、その形式に沿って四全総を追記した。第５次については当時の担当者による。

余談だが、いまや定番となっているこの一覧表は、三全総が閣議決定されたときに下河辺局長から「３つも計画をつくってきた。一目で分かるような表にまとめよ」とのご下命によって、私が作成したものである。その後「四全総」を加え、五全総について当時の担当者が追記した。オリジナルの表を作成した時は、５年間も全総計画にかかわってきたため、１日で仕上げた記憶がある。

全総の作業に掛かると、関係する人たちは「開発方式」のアイディアを次々と語る。しかし、局長は耳を傾けようとしなかった。「開発方式」は、計画の内容が固まっていく過程でおのずと浮かび上がってくるもので、内容のない段階で議論をしてもアイディア合戦にしかならない。

「開発方式」が先行した全総計画は、計画の内容と開発方式が結びつかず、説得力に欠ける印象がある。たとえば「国土軸」がキーワードになった「国土のグランドデザイン」（１９９８（平成10年策定）である。「国土軸」という発想は、下河辺国土審議会会長の「（太平洋岸と日本海岸を北上する）黒潮は縄文時代の（文化伝達の）高速道路」という着想と、日本の各地に立ち上がっていた高速道路の早期着工を望む市町村の期成同盟会の動きを「地域連携軸」ととらえ、太平洋ベルト地帯一軸の国土構造を多軸型の国土に改めて、国土のレジリエンスを高めようという構想であったと解釈しているが、前者は国土計画者が頭に置いておかなければならない「哲学」であり、後者が「生活圏」のつながりといったイメージとは程遠かったために「国土軸」という言葉のみが独り歩きをしてしまったという印象を持っている。

〈全総計画の国土観〉

「四全総」の作業に取り掛かった時、どのような計画が必要とされているのか、計画の必然性のイメージが全く無かった。それは、二度のオイルショックを経験し、「開発」のイメージから遠い「三全総」の後に、「地域の解決すべき課題」は何で、どのようにしてその課題を解決すべきかという「開発モデル」のヒントが全く見えなかったからである。

四全総は１９８６（昭和61）年を目途に策定すると発表していたが、作業がなかなか進まなかった１９８５（昭和60）年６月のことである。私は環境プロデューサーの泉眞也さん、（株）ＵＧ都市設計の梅澤忠雄さんらが主宰する「Ｃ＆Ｅ研究会＝コンベンション＆エキジビション研究会」の定例研究会で話題提供を依頼された。この研究会は、21世紀の都市が「情報という知識の生産の場となる」として その新たな都市の演出方法や街づくりの手法を探求し提言しようとして設立されたものだった。

私へ講演を依頼した狙いは四全総の考えを語れということであったが、残念なことに語るべき内容は何ひとつ具体的に決まってはいなかった。そこで私はそのころ興味を持っていた「国土観」、特に「全総計画の策定者はこの国土をどう見ていたのか」という計画策定者の「国土観」について語ることにした。

「国土観」についての私の興味は、ある時、下河辺さんが語ったことに刺激された結果であった。下河辺さんによれば「積雪や寒冷」をマイナスの国土条件と考えるのは、明治政府をつくった「薩長土肥」という南方系の人々と、寒さを耐え忍ぶしかなかった京都を中心とする困窮した公家の「国土観」であり、それが明治政府が整えた義務教育制度の中で全国に広まったのだという話だった。

21世紀は国際化、都市化、情報化の時代と言われていた。この3つに共通する現象は「交流」である。「都市化」が何故「交流」なのかは説明が必要だろう。なぜ人は都市に集まるか。すれ違う人、目に入るショーウィンドウ、すべて新しい情報を伝えてくれる。都市はふんだんに情報の交流がされるところである。そこで私は、21世紀のキーワードは「交流」であり、四全総が対象としている21世紀の国土は「交流の場」と考えるのが妥当と語った。

C&E研究会の反応は芳しくなかった。「何がいまさら交流か」と言う人さえいた。講演は成功とは言えなかった。

翌日私は隣席の経企庁から出向している計画官に、どう思うかを尋ねた。彼は言下に「いいですね。交流は活力を生み出しますから」と答えてくれた。

私が国土庁に異動する前に、計画課はほぼ1年をかけて、四全総の準備作業として「長期展望作業」を行っていた。「長期展望作業　21世紀の国土」と名づけられたその報告書は、国土審議会の伊藤善市委員をして「知的興奮を覚えた」と言わしめた優れた報告書であった。

その報告書の中に、「文明の西進」という1項目がある。黄河流域、チグリスユーフラテス川流域に発達した文明は地球上を西に進み、地中海文明となり、ギリシャ・ローマを経て、ヨーロッパで栄える。その後、新大陸アメリカに渡り、さらに大陸を横断して21世紀は「環太平洋の時代」と主張していた。なぜならそこは、「西洋の文明と東洋の文明が混在し、その接触から新しい活力が生み出されるため」である。

高度経済成長期のように、港湾、工業団地、電力、工業用水等のインフラを地方に整備することにより企業を誘致しようとしても、地方と言えども次男三男は少なくなっており余剰労働力はなく、企業は労働力のある海外に立地する時代となっていた。地方振興の方策は行き詰っていた。それならば、地域の魅力を再発掘・再発見して、交流を盛んにすることにより、新しい価値観に触れ、お互いに活性化することを期待してはどうか。

C&E研究会で私が勇み足で語った「交流」の概念は、思わぬことから表舞台に出ることになった。「四全総推進議員連盟」（会長：加藤六月元国土庁長官）の有力メンバーであった故佐藤隆議員（新潟県）のところに別件を説明に行った前記の計画官が、「四全総の考えはまとまったのか」と問われた。「まだです」と言うには時間が経ち過ぎていたため、「交流」の考えを語ったらしい。

次の議連の会合で、作業が遅れているのではないかと心配する議員の発言が続く中で佐藤議員が

文明の西進

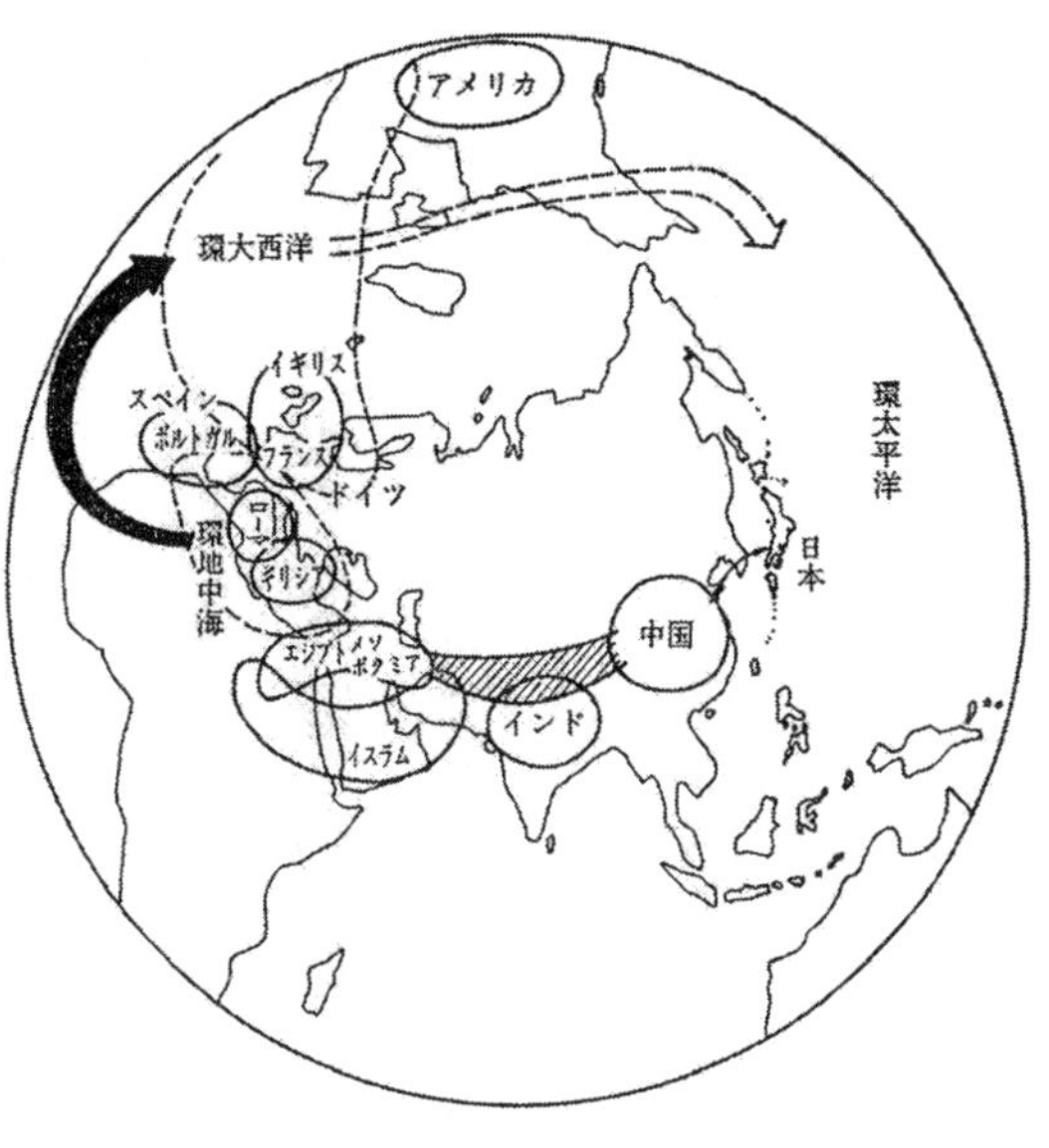

出典：国土庁計画・調整局「長期展望作業 21世紀の国土」

交流促進型地域活性化モデル

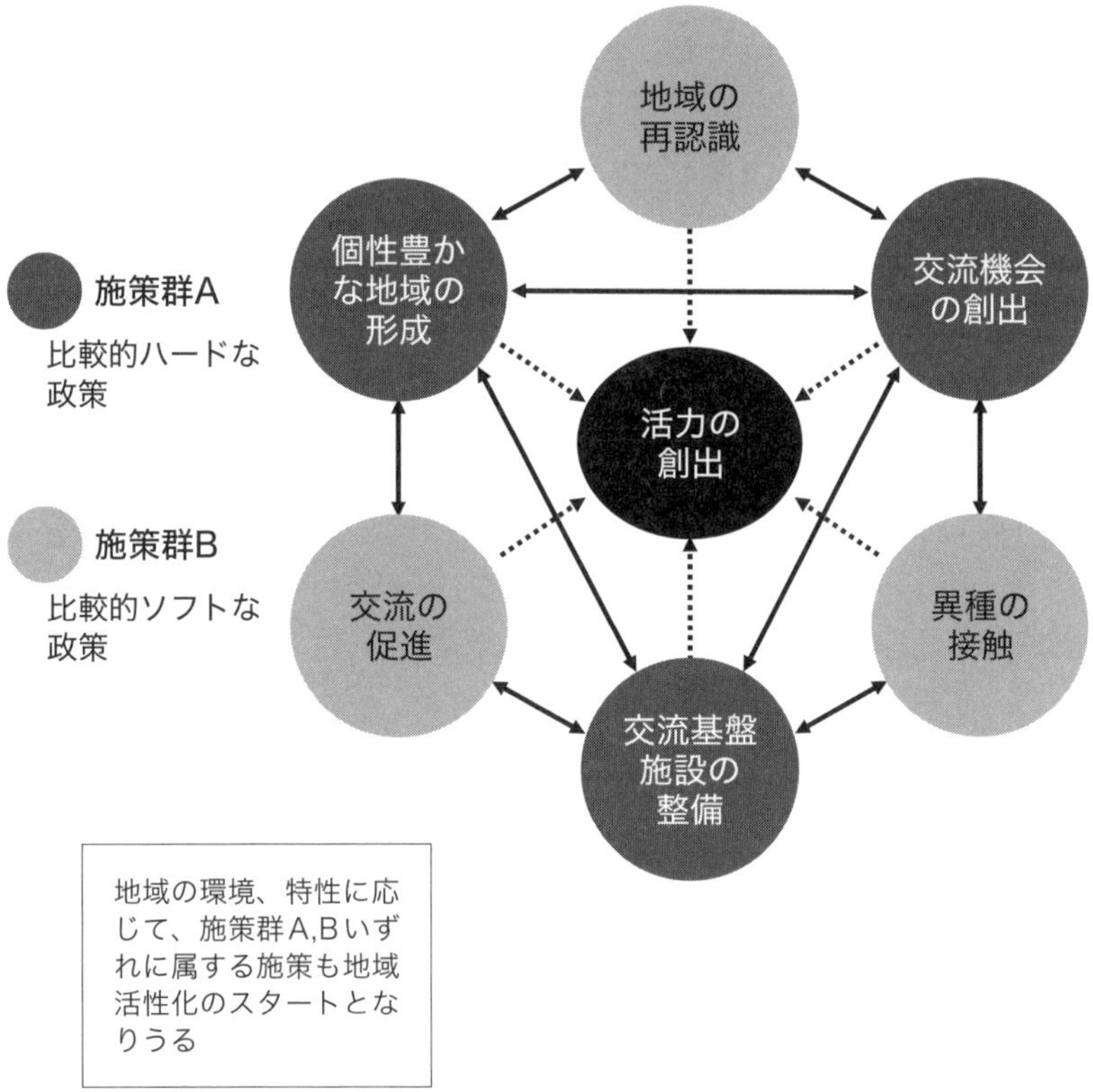

交流を促進することにより、異なる文化、価値観の接触が起こる。そのことが新たな文明、活力を生み出す。
交流を効果的になすためには地域の魅力、価値を掘り起こし再発見することが重要。円滑な交流のためには交通・通信手段の整備、交流の場、交流の機会をつくり出すことが有効。
このフローチャートの原型は、起点・終点のはっきりした従来型のフローチャートではなく、相互に関連し合う「交流」の特質を現すものとして、日本港湾協会の同僚の佐藤恒夫氏が「新しいモデルには新しいフローチャートを」と考えてくれた。

立ち上がり、「心配しなくてよい。国土庁では『交流』という立派な考えがまとまっている」と発言したのだ。これで「交流の促進による異なった価値観の接触。その結果としての活力の誕生」という、四全総の開発方式が決まった。まさに「瓢箪から駒」であった。

21世紀は交流の時代。地域の魅力を再発見し、交通手段など交流インフラを整備して交流を促進することにより、活力を生み出す。「交流促進型地域活性化モデル」はこうして誕生した。

(10) 利用機会の均等化を目指した高速道路体系の計画（四全総）

高速交通体系、特に高速道路の構想は全総計画で最も関心を集めるプロジェクトだった。担当は私が計画官を務める国土基盤班であったが、国土庁の中からさまざまな圧力がかかった。私が国土庁に着任すると、すぐに建設省から出向していた審議官に呼ばれ忠告された。「四全総の高速道路の計画は建設省から出向してきている者を使って私が決めるから、君は手を出さなくてよい。港湾の計画だって運輸省の港湾局から、空港は航空局から、新幹線は鉄道局から原案をもらってそれを計画とするのだろう」。私は審議官に申し上げた。「そうではありません。港湾も空港も新幹線も、すべて基盤班で原案をつくり、計画担当の全員で議論を重ねて成案とします。部品を集めれば計画ができ上がるというものではありません」。建設省の中でも暴れん坊と言われていた審議官はなかなか引き下がらなかったが、最後は納得していただけた。庁内だけではなかった。「国土庁が手を出す必要はない」と言って非協力的な省庁も多かった。

高速交通体系の計画づくりでは、私は挑戦したい手法があった。

「三全総」の作業を進めているころ、下河辺局長からこのような話を聞いた。「海外からの研修生に、地形と人口規模別の都市の分布を示した地図を渡す。そしてこの国土に必要となる高速道路の計画をつくらせると、ほぼ同じ計画がでてくる」。私はこれを「国土に隠された高速道路網」と名づけて、いつの日かそのような手法で高速交通体系の構想をつくってみたいと考えていた。

交通網の計画では「重力モデル」という手法が一般的であった。A市とB市の2つの市を結ぶ道路の交通量を想定するときに、単純化して言えば両市の人口や経済活動量の積を両市の距離（あるいは時間、コストなどの抵抗値）の2乗で割り、係数をかけるという手法である。将来予測は、両市の人口や経済活動量の将来値を当てはめて予測をすることになる。

しかし、これでは、たとえば青森市と仙台市の間の交通量が、東京と大宮市を結ぶ交通量のレベルに達することなどあり得ない。両市を結ぶ交通路の効率はいつまでたっても大都市圏の効率には追いつかないことになる。これでは「国土の均衡ある発展」という国土計画の目標はいつまでも達成できない。そこで四全総では、交通量ではなく、「利用機会」を指標とすることにした。人口10万人以上の都市であればどの都市でも1時間以内で高速道路に到達できるというネットワークを考えることにした。これで初めて、国土の均衡ある発展を目指す交通体系が描ける。人口規模を3万人、5万人、10万人と設定して1時間圏の円を描き、その包絡線が道路のネットワークを形成するという手法である。こうして四全総の高速道路網の計画を策定することができた。

「包絡線」と言ってもさまざまな候補路線が出てくる。最終的には建設省道路局と、全体構想は国土庁、その構想の中で個別路線の決定は建設省ということで合意して計画作業が進められた。

国土審議会に四全総を諮る前日、道路審議会が開かれた。その原案を道路局が大蔵省に説明するときに、道路局から「全体構想は国土庁が説明してください」という依頼があり、両者が揃って主計官に説明をした。そのときに主計官が言った「霞が関の理想の姿ですね」という言葉がいまも耳に残っている。

(11)「日韓港湾局長会議(北東アジア港湾局長会議)」

「記憶に残る仕事」の中でこの事案こそ、この篇の第1章で述べた第3のポイント「気づいたことを『記憶の引き出し』にしまっておくこと」の典型である。

１９９４(平成６)年6月に港湾局長となって、省議に出席するようになった。毎回の省議の最後に、官房から「今週の国際関係案件」の報告がある。

国際臨海開発研究センター(ＯＣＤＩ)ができて港湾局の職員が技術協力案件で海外出張することは少なくなったとはいえ、技術協力案件のコンタクトミッション等で、港湾局の幹部がたびたび海外出張をしているにもかかわらず、省議を数回経験しても、港湾局の案件が報告されることはなかった。

国際業務室の怠慢と思い、「官房に報告をあげよ」と命じたところ「技術協力案件は政策マターではないので報告対象にはならない」という官房の答えが返ってきた。技術協力は直接的な政策マターではないかもしれないが、日本のシンパをつくり、国連での決議、オリンピックや万博の誘致など、日本を支援してもらうためには重要な働きをしていた。運輸省が許認可官庁から政策官庁に変えていくということであれば、海運や航空の協定以外の案件も立派な政策マターであると思ったが、省議のルールを変えるのは容易ではない。要求しても、意味のない議論に時間をとられるだけで、勝算があるようには思えなかった。そこでそれ以上は追求せず、港湾局もいつかは「今週の国際関係案件」に報告できるようにしようという思いを、「記憶の引きだし」にしまった。

１年後の１９９５（平成７）年６月の末、徳島港でコンテナ埠頭のオープン式典があり、運輸省ＯＢの知事への表敬も込めて出席をした。式典後の知事招宴で駐日韓国大使館の金光溢公使の隣席に座ることになった。そして金公使から、韓国に是非おいでくださいというお誘いを受けた瞬間に「記憶の引き出し」が開き、即座に「日韓港湾局長会議を開催しましょう」と提案した。

金公使が、その前職が韓国の開発計画と開発予算を握る日本のかつての経済安定本部の局長という実力者だったこともあり、その年の11月23日から４日間、ソウルで「第一回日韓港湾局長会議」が開催された。韓国港湾協会、大韓土木学会の会長でもあった鄭然世さんも歓迎の席を設けてくださった。鄭会長は若いころ、ＪＩＣＡの港湾コースに参加をされ、その後も港湾局の諸先輩との交友関係が続いていた方であった。鄭さんは挨拶の中で「今日の韓国の港湾の発展は日本のおかげ。佐藤肇さんは私の父であり、木内政鋭さんは兄、鬼頭さんは私の息子のようなものだ」と技術指導に尽力した日本の港湾人の名前を挙げ、「今日から栢原も私の息子のひとりだ」と言ってくださった。第

１回の「日韓局長会議」は大変な成功のうちに終わった。

帰国後の省議では「マルチの国際会議だけではなく、これからはこのようなバイの国際会議が重要になると思う。支援をする」という運輸審議官の評価もいただいた。これがきっかけとなり、伊藤管理課長の提案と上田国際業務室長のロビー活動の成果として、ＥＳＣＡＰの運輸関係の会合の中に港湾グループの会合が誕生した。

ちなみに、ここで紹介する鄭さんが韓国の土木技術者の世界でいかなる人物であるかということをそれから10年後に経験をした。

２００８（平成20）年10月、土木学会会長であった私は、韓国の大田市で開催された「大韓土木学会年次大会」に招かれて講演をした。その夕方の交流会の時である。大きな会場は参加者の談笑の声で隣の人との会話も困難なほどの賑やかさであったが、突然、入り口近くから水を打ったような静けさが広がったのだ。振り向くと鄭さんが数人のお供を連れて「栢原さんが来ているというのでソウルから会いに来ました」と言って入ってこられた。長老を敬うのが韓国の伝統ということもあるが、会場を埋め尽くした参加者が一瞬にして静まり返ったあの光景は、いまでも忘れることができない。

日韓港湾局長会議は、川嶋康宏局長の時代に中国が加わり２０００年から「北東アジア港湾局長会議」となった。中国も加わりマルチの会議になったことが、今日まで続いている理由のひとつだと感じている。さらにこの機会を生かして藤野慎吾港湾協会会長（当時）の提案で「日中韓港湾協会会長会議」が２００２（平成24）年から開催されている。

第3篇

組織の背中

―「Cグループ」の衝撃

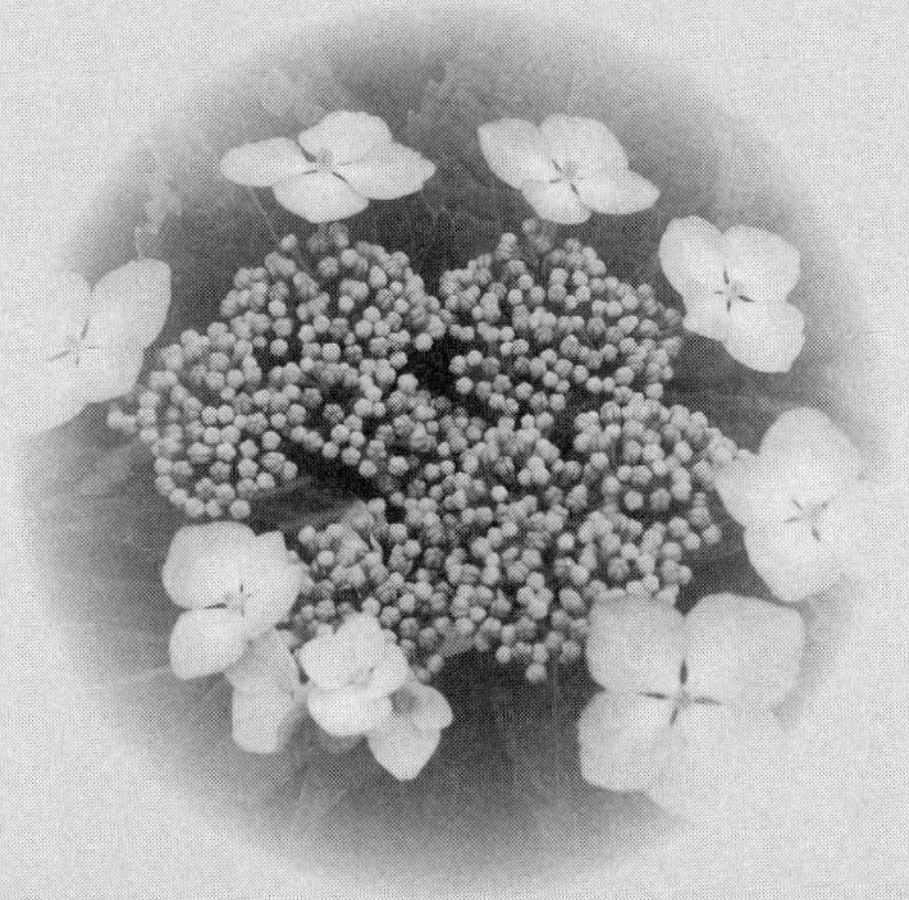

第１章 財政制度審議会の公共事業に関する小委員会の答申

１９５０年代後半から日本は高度経済成長の時代に入った。その牽引力となったのは鉄鋼・石油・石油化学といういわゆる「重厚長大」の産業であった。海外の原材料を海上輸送により安価に入手可能とした臨海工業地帯の開発が各地で展開された。それを可能にしたのは私たち港湾技術者集団の技術力であったと言ってよいだろう。そう自負していた港湾社会に思いもかけぬ衝撃を与えたのは、１９９３（平成５）年11月に出された大蔵大臣（当時）の諮問機関である「財政制度審議会」の小委員会の報告書である。

その経緯の一部については、日本港湾協会の会誌「港湾」の１０００号記念誌に簡潔に報告されている。その渦中にあった私が読んでも客観的に書かれていると感じるので、まずその全文を引用させていただくことにする。

〈財政制度審議会公共事業に関する小委員会（座長：石弘光一橋大学教授）の答申〉

「我が国の高度経済成長を実現する一翼を担い、その後も貿易立国の我が国の海上輸送を円滑に支え、声には出ないものの多くの国民から評価されていると思っていた港湾関係者にとって「青天の霹靂」であったのが、１９９３年（平成５年）11月に出された財政制度審議会の公共事業に関する小委員会の答申であった。そこでは港湾は農業生産基盤や漁港などとともに「これまでの投資実績や国民経済に占める比重の変化を考慮し、……重点的かつ抑制気味に扱うべき分野（「Ｃグループ」筆者注）とされた。その経緯や原因については簡単ではなくここで触れることは避けるが、これを機会に港湾の広報活動が質的、量的に変化したことは、ひとつの副産物である。翌年の「港湾」は年頭の挨拶で坂井順行港湾局長が港湾の整備に対する正しい理解を訴え、本誌では港湾局計画課企画調査室が港湾を産業基盤と位置づけることが不適切であることを簡潔にまとめている。企画調査室はこの後一連の啓発活動で活発に動き、その動きは１９９５年（平成７年）１月に発生した阪神淡路大震災による神戸港の機能の麻痺が西日本を中心とする我が国の貿易活動に大きな影響を及ぼすのみならず、海外進出している企業にまで及ぶことを適切なプレス資料を次々と準備することにより、神戸港の早期復旧に貢献した。」

この報告は、前に述べたように簡潔かつ正しく当時の出来事を伝えている。ただ、その「副産物」を港湾の広報活動の質的、量的変化にとどめていることは、あまりにも過小評価であろう。また、「その経緯や原因については簡単ではなくここで触れることは避けるが」として全く触れていないために「Ｃグループ」となった真の理由を見過ごしてしまう可能性がある。

まず認識したいのは、分散型であった港湾予算を集中型に転換したことである。たとえば、地方港湾の事業実施港数を３年間で１２０～１３０港削減し、２００港前後としたこと、１９９５（平成７）年に発表した長期政策「大交流時代を支える港湾」の中で、コンテナターミナルと呼びうる大規模なターミナルの整備を３大湾＋北部九州に限ったこと、その他地域では全国８つの中枢港湾に限ったことなど、実績、計画ともに集中政策を明確にした。港湾局の先輩の中にも「主要施設の整備港湾を絞りたいとする現役諸君の気持ちは理解するが、港湾局と港湾管理者の勝負は港湾法が制定された昭和25年についてしまっているのだ」と忠告してくれる人もいた。港湾法制定時にはそうであったかもしれないが、その後の港湾法の改正により、運輸大臣（国土交通大臣）が「港湾の開発、利用及び保全並びに開発保全航路の開発に関する基本方針」を定めることになったことを見落としていると思う。

自民党交通部会で三大湾＋北部九州ならびに８つの中枢港湾から外れた地域の議員から猛烈な攻撃を受けたそのことは覚悟していたとしても、これらから外れた港湾に関連する、港湾に熱心だった知事さんが二度と港湾局長室に姿を見せなくなったことなど、苦しい記憶も多い。

第2章　Cグループからの脱却の努力

第1節　平成6年度予算に向けての活動

前節で引用した日本港湾協会の会誌「港湾」の１０００号記念誌では「青天の霹靂」と表現されているが、この年の春ごろから港湾に対する批判的な話題が目立ち始めていた。手元にある１９９３（平成５）年3月22日付の「港湾へのネガティブキャンペーンへの対応」という資料には次のことが記録されている。

〈ネガティブキャンペーンの実例〉

1　3月20日付日経新聞「景気対策・浮揚への選択肢」

「新社会資本」整備は、田畑や港湾の整備に比べれば、将来の経済社会への基盤づくりとして期待も大きい。

2　3月22日　大阪産業大学今野修平教授からの情報

3月20日深夜、S週刊誌編集部から「港湾投資はもう不要ではないか。港湾に投資すれば、埋立地などをつくり環境を破壊するなどして害をもたらすのではないか」との電話取材があった。

3　仄聞：財務当局の幹部が、「港湾投資はもう十分。直轄緑地、大型臨港道路などに手を出すのは、その反作用ではないのか」と語っている。

４ その他の批判（国土庁総合交通課が実施した交通インフラ整備事業の地元発注率の調査によれば）港湾工事は中小企業への発注比率が低い。

この資料は、目立ち始めた港湾投資批判にどう対応するかを局内で協議するためにまとめた資料で、それぞれの情報の「震源地」が容易に想定されたために、背後で財政審のような組織が動こうとしていることは想像もできなかった。

財政制度審議会の小委員会の動きが伝わり始めたころから、報告内容を変えていただこうとして港湾局長は国会議員、技術審議官の私は審議会の産業界の委員、各界の有識者の理解を求めて飛び回った。橋本大二郎高知県知事が港湾局の窮状を知って自ら動いてくださったのは本書の「第１篇第２章 忘れ得ぬ人々」で紹介したとおりである。

必死の努力にもかかわらず小委員会のレポートは報告され、翌年度の港湾予算の伸びは他の公共事業と比較して極端に低く抑えられた。同じＣグループであった農業生産基盤は、あたかも起こったアメリカとの間の「コメの輸入の自由化」問題の見返りとして手をつけられることはなく、結局大きな影響を受けたのは港湾整備事業だけであったと言える。多くの人々の期待を担って港湾局長となった坂井順行氏が１年半という短い任期でその年の６月に引退されたのは、この責任を感じてのことではなかったか。また、必死に理解を求めて回ったにもかかわらず、国会議員から具体的な手応えが感じられなかったことにむなしさを感じてのことだったのではないかと思う。

私はこの一連の動きを経験して、選挙を戦わねばならない人は議員であろうと首長であろうと、「世間が批判している分野に手を差し伸べることはできない、負け馬の応援はできない」ということを知った。そのようなことをすれば、当人が選挙で危険にさらされる恐れがあるからである。だから、選挙を経る人に頼ろうとすれば「常に勝ち馬」になっていなくてはならないし、あるいは人々が注目するような華やかな話題を常に追っていなくてはならない。インフラ整備のような地味な世界で常に「勝ち馬」であることは困難であるし、派手なトピックスがそうそうあるものではない。その危険が伴うことを覚悟しておかなければならない。

局長となった私は「坂井路線」を継いで、組織を挙げて「１０００人キャンペーン」など、港湾への理解を求めるための活動に力を入れた。一方、大蔵省に対しても港湾を産業基盤とみることがいかに現実と乖離しているかを説明し、一刻も早く財政審の縛りをはずしてほしいと訴えた。

心配をしてくださった国会議員の秘書が「お互いに本音で議論をしては」と席を設けてくれたこともあった。それも、密室で話すことではないだろうと、国会近くの焼き鳥屋の喧騒の中での議論となった。

予算は常に右肩上がりでなければならないと考えている方からはお叱りを被るかもしれないが、私が訴えたことは次のようなことである。

「大蔵には査定権があるのだから、予算を抑えるべきと考えたのなら、年度ごとの予算で伸びを抑えればよい。そうせずに財政審の力を借りてまずレッテルを張り、それから予算を削減するというのは中世の『魔女狩り』と同じではないか。年度ごとの予算の増減には耐えられても、レッテルを張られたのではその組織には将来性がないと人々は思い、優秀な人材が入ってこなくなる。その影響は長期に及ぶ。組織の責任者としてはそのことが何よりも気がかりなことだ」。

お互いにかなり本音をぶつけ合った。私は2人の主計官にお世話になったが、お2人とも議論に本当によくつき合ってくださったと、いまでも感謝の気持ちが湧いてくる。

第2節　Cグループの真相

〈分散し過ぎていた港湾予算〉

このような意見交換を繰り返しているうちに、「Cグループ」となった真相が分かってきた。ひとことで言えば、その原因は港湾局の予算要求の姿勢にあった。予算要求の根拠を聞けば「港湾管理者の要請」という、全く主体性のない答えが返ってきたし、予算をつける港の数も「多々益々弁ず」とばかりに拡大を続けていた。大蔵省は繰り返し港湾局に分散投資を改めるように注意してきたにもかかわらず、考えは変わらず、予算配分の姿勢が一向に改まらなかったので、やむなくCグループにしたということも分かった。

これは私自身、極めて納得いく話であった。一建にいた3年間、港湾予算の全体の伸びが小さいにもかかわらず、新規着工港数は毎年10港前後も増えており、それを港湾局は誇っていた。結果として小さな岸壁ですら完成までに7～8年かかり、首長さんの4年間の任期中に、起工式も竣工式もないという状況になっていた。こんな事業を誰が熱心に応援してくれるのか。建設局長会議のたびに実情を話し、予算を集中してほしいと訴え、他の建設局長も同意見であったが、そのたびに「鹿島港に全港湾予算の8～9パーセントを集中した」という四半世紀も前の「故事」を持ち出し、「港湾局は昔から集中しています」という答が返ってきた。1992（平成4）年だったか、景気対策として予算の10パーセント割り増し配分があった時、複数の建設局長から「これを5等分して各建設局（北海道、沖縄は別枠）に配分して、各局が抱えている大型プロジェクトの遅れを少しでもカバーしたい」という要望を出したが、この時もまた「鹿島港の例」が出され、建設局長からの要望は却下されてしまった。

大蔵省と繰り返し議論をしているときに頭によみがえった光景があった。1993（平成5）年の春、一建から港湾局の技術審議官になって間もなく、新年度の予算編成でお世話になった主計局の皆さんとの懇談の席が、大蔵政務次官を務められた吉村眞事先生のお声がかりで開かれた。4年間も本省を離れていた私は主計局とはなじみがなく、宴が進み皆が席を離れて話が弾んでいたころ、自席でひとり酒を飲んでいた。その眼の端に主計官と計画課長が激しく議論をしている姿が映った。しばらくすると主計官が出席している主査を私の後ろの空いているところに集め、「あれだけ言っても改まる様子はない。議論の対象にする以外にない」と言うのが耳に入った。何を議論しているのかは聞こえなかったし、何の対象になるかも分からなかった。この記憶がよみがえったのは、Ｃグループからの脱却を目指して戦っている中でのことである。

〈**誤った港湾法の解釈**〉

どうしてこのようなことになったのか。その原因は、計画課だけの問題ではなかったと考えている。まず、港湾法の解釈である。いつのころからか港湾局の幹部が、「港湾の主人公は港湾管理者である。港湾局の役割は彼らの要望の実現にある」と、本気で考えていたからである。国の予算は、国が必要と考える政策の実現に使うのが第一であろう。子供が欲しがることに金を注いでいたら家計は破綻するに決まっている。

このような解釈がまかり通ったのは、国以外に大型港湾工事の施工能力のない時代背景の中で、国の役割（直轄の役割）は当然として法律に明確にしないままに港湾法が制定されたためだと考えている。かつ、港湾法の中に国が事業をする場合港湾管理者と協議を必要とされていたのは、港湾法に詳しいと自負しておられた住田正二氏が「港湾管理者に負担を求めるからであり、許可を必要とするものではない」としているにもかかわらず、「港湾管理者の許しを得て直轄事業を行う」と多くの港湾局の職員が考えていたことだ。行政改革の議論の中で国の役割（国が整備すべき港湾施設）が明確に法定されるまで、港湾法の中に直轄事業の規定がなかったというのも、国の役割を間違える一因となったのだろう。

〈港湾局は大蔵省から信頼されているという思い込み〉

２つに、「港湾局は大蔵省から信頼されている」という思い込みを持ち続けていたことだ。

確かに大蔵省は、１９６０年代半ばごろから、科学的手法による予算編成方式を求めてＰＰＢＳなどに挑戦していた。そのような動きの中で、港湾局は早い段階から宮崎茂一氏が考えた「港湾資産原単位」などの実証的な手法で予算要求額の説明をするなど、科学的な予算要求をしていた。霞が関の中でもよく知られた東寿《あずまひさし》氏や加納治郎氏など、計画に優れた技官も多く、大蔵省の信頼は厚かったのだと思う。しかしそれも変化し、「数理的根拠に基づく予算要求」から「港湾管理者の要請による予算要求」という、国の主体性のない理由で予算を語るようになっていたにもかかわらず、大蔵省からは信頼されていると思い込んでいた。

〈自浄作用を妨げる人事〉

３つには、港湾局、特に予算を扱う計画課の補佐官の人事の弊害である。長い間、企画担当補佐→調査・計画担当補佐→事業（予算）担当補佐→総括補佐と、計画課の業務を一渡り経験するという人事が行われていた。港湾予算のために大蔵省との人脈を大切にしようとした結果であると考えられるが、これでは新しい視点に立つ意見は入りにくいし、たとえおかしいと思ってもそれを決定した前任者が上司として隣にいるのでは、簡単に変革などできなかったのではないか。

それにしても、と思う。大蔵省は早くから港湾予算の状態について改善を強く求めていたのだ。

その情報は、ひとり計画課長だけに伝えられたとは思わない。長い予算編成の交渉の中で、たびたび忠告され、多くの関係者がそれを耳にしていたのではないのか。なぜそれに耳を傾けなかったのか。情報を共有しないことの弱さがここでも現れている。「財政審の狙いは港湾予算ではなく、他の分野であった」という情報も耳にした。この経験を港湾予算の在り方、港湾行政の在り方に正しく反映しなければならない。

第3節　Cグループを経験して――今後のあるべき姿

ここに1枚のメモがある。「財政審の壁または足かせ」とタイトルのついたこのメモは、「Ｃグループ問題と最終的にどのように対応すべきか」を考えた私的なメモである。

〈問題の本質〉

1　財政審の報告

誰が本当に困るのか。港湾管理者はどうか。予算の遅れはカバーが可能で、本質的には困らない。ましてや補正予算などで手当てされれば事業量は大きく変化せず、施設を必要とする港でも受注する業界でもない。「港湾」という分野のイメージの低下が最大の問題である。他分野と競合した際の競争力、組織のモラール、ひいては港湾を志望する新人の減少と質の低下を招いてしまう。

２「港湾は産業基盤」という財政審の認識の誤りを指摘し続けてきた。これは続ける必要がある。新しく耳にした人は「港湾は産業基盤」だと思い込み、より広い役割に気づかない。

しかし、報告書を作成した者は、分かっていたが敢えて書いたとも言える。背景に「港湾局は、（１）組みし易い（２）スキだらけ」という認識があるのではないか。組みし易い世界としてしまった、またスキをつくり過ぎた。この反省を厳しくしなければ解決しない。

〈対応方針〉

１ スキをつくり過ぎた。……事業の予算管理、スケジュール（工期）管理のないまま、手を広げ過ぎている（地方港湾の事業実施港数＝昭和50年度３６３港、55年度＝４０２港、60年度＝４３０港、平成５年度＝４７９港。この拡大ぶりはひどい）。

港湾管理者あるいは首長さんの着工を望む期待は、いつまでたっても完成しないという失望に変わりやすい。期待が大きいほど失望もまた大きい。

無駄なものをつくらないことは当然であるが、必要なものを１日も早く実現することもまた重要なこと。

２ 直轄岸壁（国有施設）の必要性は国が考えるのが当たり前のこと。直轄とは国が工事をするということ以前に、国が必要と考える施設であることを港湾局の職員が自覚することが必要。

１９９６（平成８）年1月26日に開催した平成8年度予算案の説明のための「港湾空港関係都道府県等部局長会議」での港湾局長の「港湾行政一般報告」は、「Ｃグループの総括」を意図して起草し、港湾局の全課長、港湾建設局長等の意見も照会して準備をした。

そこでは、「港湾管理者の要請を実現するというこれまでの港湾局の姿勢は、立ち遅れていた港湾の整備水準をそれぞれの地域が必要とする一定のレベルまで引き上げるのには必要であった。しかし今後、国費は国としてどのような物流体系を形成していくかという国の政策の実現のために用いる」と訴えた。

おおよそ、国費を投入する目的は2つある。ひとつは国が必要としていることを実現するため、今ひとつは港湾管理者が必要としていることを実現するお手伝いである。それがこれまではっきりしていなかった。もっと明確に言えば、後者のみが正面に出て、国の主体性が疑われるものであった。一般報告では、そのことをかなり強く伝えた。一部の業界紙がその全文を伝えてくれた。続いて基本姿勢を述べた黒野航空局長は「陳情すれば空港ができるという考えを捨てよ。地元の努力のない陳情書はゴミ箱に直行する」と、さらに激しい口調で方針を伝え、席に戻るなり「港湾局長に刺激された」とつぶやいた。

１９８５（昭和60）年に明らかにされた港湾の長期政策「21世紀への港湾」で成熟化社会に向けて港湾が備えるべき機能が明確にされた。５年後の１９９０（平成２）年に出された長期政策「21世紀への港湾フォローアップ」では、その機能をひとつの港湾の中でどのように整備すべきかが説かれ「美しく使いやすい港」という目標を明らかにした。「Ｃグループ」の経験を経た後の１９９５（平成７）年の「大交流時代を支える港湾」では、それらの機能を持った港湾を全国にどのように配置するかが示された。この長期政策３部作によって我が国の港湾の「機能―構造―配置」について、国の考えが示されたと言える。我が国の港湾の在り方を考え、それが実現されるように誘導していく責任は、他の誰でもない、港湾局にある。

第４節　竹村健一氏との出会い

〈２の数列〉

私たちは国における港湾の重要性を各方面に訴えてはいたが、私は港湾に否定的な評論を繰り返している評論家や学者のところには近づかなかった。評論家は「噺家」と同様で、語っていることは彼らの「持ちネタ」であり、学者は「研究テーマ」だからである。

しかしある日、そうは言っていられない状況になった。あるテレビ局が公共事業（港湾事業）批判の番組をつくることになり、コメンテーターとしてボストンコンサルティンググループの堀紘一さんを予定した。堀さんは「港湾に必ずしも詳しくないので誰か港湾に詳しい人の話を聞きたい」とテレビ局に要望した。そこで私が説明に行くことになった。

堀さんも港湾投資には批判的な方であったが、説明が終わるなりこう言われた「今日の話は竹村健一先生にお話しになりましたか。あの先生は影響力があるから一度お話しになったほうがよい」。一緒に行っていた港湾局の若い職員が即座に言った「堀先生のご紹介ということで、アポをとらせていただいてよろしいでしょうか」。こうして私が最も避けていた竹村健一先生のところに伺うことになった。

案の定、私が「日本における港湾の重要性」について説明をしても、「港湾局長が港湾が必要というのは当然だ」などと言って、まともに話を聞いてくれる雰囲気ではなかった。約束の30分が近づいたので最後に先生に申し上げた。「確かに先生がおっしゃるように、航空輸送の時代が始まっています。しかし我が国の貿易量のうち航空機が運んでいるのは、重量ベースでは0・2パーセントにしか過ぎません。そう申し上げると先生は『原油や石炭、鉄鉱石など、航空機には乗らないバルク貨物の量を分母にして小さな数字を出し、世の中を惑わしている。だから役人は嫌いだ』とおっしゃると思い、バルク貨物を外して製品貿易のみを調べました、そうすると航空機のシェアは2パーセントになります。すると先生は『安い商品が船に乗るのだ』とおっしゃるでしょう。そこで貿易金額の統計も調べました。すると航空機のシェアは20パーセントとなります。先生、『2』という数字を覚えてください。0・2―2―20。これが我が国の貿易輸送で航空輸送が果たしている役割です。まだまだ海運の時代なのです。では失礼します」と言って立ち上がろうとすると、竹村先生はソファから突然起き上がってこう言われた。「君は役人だろう。役人の割には面白い説明をする。もう少し話を聞かせてくれ」。こうしてさらに1時間ほど、日本で港湾が果たしている役割、近隣諸国の港との比較などをお話しした。

最後に竹村先生はこう言われた「僕にできることはテレビで話すことぐらいだが、日本の港が大変なことになっていると話すことにしよう」。そして言葉どおり、数日後の「サンデーモーニング」で「日本の港は大変なことになっている。シンガポール、香港はおろかプサンにも負けている」と語ってくださった。すると、それまでいくら説明しても耳を傾けてくださらなかった国会議員が、私の顔を見ると「局長、しっかりしろ。日本の港は香港、プサンに負けているらしいじゃないか」と言われるようになった。私は竹村先生のような評論家の影響力を知った。

〈『日本の大課題』の刊行〉

その後のことである。港湾の長期政策「大交流時代を支える港湾」が発表されてからしばらくたっていたが、開発課がこの長期政策の資料集を発刊したいと言ってきた。長い時間をかけて議論をしてまとめた長期政策である。その資料も膨大であった。しかし、長期政策は発表された政策がすべてであり、ありがたいことにその理解もほぼ間違いなく浸透していた。いまさら資料集を作成しても新しいものが出てくるわけではない。しかし、担当者の熱意を見ると「出版は必要ない」と切り捨てることもできない。そこで「その費用と労力を使って、竹村先生の名前で港湾の重要性を説く本を出させてもらってはどうか」と提案をした。結果はご存じのとおりである。竹村先生は「本は私自身で書く。港湾局長ともう一度2時間ほど意見交換をしたい。その後竹村事務所で本をまとめる」と言われ１９９６（平成８）年６月『日本の大課題　国力の源泉は「港」にあり』が太陽企画出版から出版された。さすが大御所の評論家が書いたもの。読みやすくかなりの数が売れた。

余談だが、これを見たいくつかの省が竹村事務所に駆け込んだために「日本の大課題」は「シリーズ名」となって、道路、マルチメディア、災害などを扱ったシリーズ本となった。

〈企画調査室の働き〉

竹村先生のところに説明に行く私に、「０・２―２―20（パーセント）」の数字のメモを渡してくれたのは、企画調査室（鬼頭平三室長）である。

企画調査室はこの他にも、港湾の働きが産業基盤であるだけでなく、国民生活を支えている、直結していることを訴えるちらし「あなたの食卓　港湾が守ります。」という出色のチラシを作成した。このチラシは、当時の藤井建設次官の目に触れるところとなり、藤井次官は幹部を呼んで「小さな港湾局が、公共事業の重要性をこのように訴えている。我が省も考えよ」と指示を出されたらしい。幹部が私を訪ねてきて「どこの広告エージェントに発注したのですか」と尋ねた。スーパーの棚から輸入品を外して写真を撮るアイディア、大手スーパーに協力を依頼すること、そして「あなたの食卓港湾が守ります」という出色のコピーまで、すべて港湾局の直営作業であることを伝えた。

阪神淡路大震災のときの企画調査室の働きも、前掲の記事のとおりである。高速道路の高架橋の転倒、市街地の火災、ビルの倒壊など、震災直後のマスコミの報道は市街地の被害に偏っていた。

それも無理はない。神戸港の施設はすべて被災したのだが、一瞬の激しい地震動で岸壁が「整然」と前に飛び出し、上空から見たのでは大型クレーンが被災しているのを除けば、どこが壊れているのか、普段あまり港湾を見ていない人の目には分からなかったからである。事実、数日後に現地入り

定塩(熟成)紅さけ
恒例
お店が空っぽ！
大手スーパーの食料品売場（水産品コーナー）から輸入品をとると…。
日本の食糧自給率は46%、主要先進国の中では最低です。
食料品の94%は港湾を通して輸入されています。
あなたの食卓
港湾が守ります。
運輸省港湾局

した亀井運輸大臣も、神戸港の被災現場に立って「どこが壊れているのだ」と私に尋ねたほどであった。しかし、数日後に発表された企画調査室の「西日本の貿易活動が影響を受けている、日本からの部品の供給がストップした海外の進出企業の生産ラインも止まっている」という資料によって、報道の中身が一変した。神戸港の被災状況はもとより、その影響を海外取材まで含めて報道するようになった。

〈「港湾の重要性」と「港湾整備の重要性」の違い〉

港湾の広報活動はＣグループ、阪神淡路を経験して、従来とは比較にならないほど内容が変った。しかし、メディアの進歩は激しく、かつ国民の感覚も訓練されてきている。不断の努力が必要である。

私自身、若い時に港湾の広報担当の補佐をしていたのだが、印刷屋から港湾局の資料は「整備」という活字が大量に必要（当時は、ＰＲ用のチラシも活版印刷だった）、ストックでは間に合わない時があると言われたにもかかわらず、その時にはそのまずさに気がつかないでいた。国民に港湾の重要性を訴えるという時に、何の疑問を持つことも無く「港湾整備の重要性」と表現していた。しかし、国民は「港湾（みなと）の重要性」には耳を傾けるが「港湾整備の重要性」はあなた方の仕事、私には関係がないと思って当然なのだ。そのことに気づき、港湾局の資料の中から「港湾整備の重要性」という表現を外し、「港湾の重要性」と表現することとした。「同じことでしょう」と反発する人もいたが、この違いは大きいと思う。現在でも土木界の論客と言われている人が「公共事業の重要性」を訴えているのが気になる。国民は「交通渋滞の解消」や「津波からの安全性の確保」には関心があっても、それに備えるための「公共事業」はお上の仕事で自分とは関係がなく、理解したり応援する気にはならないのだ。

第4篇　私の体験的リーダー論

第4篇では、私が考え、心がけてきたリーダーのあるべき姿について語りたい。

第1篇で述べたように、私は二建に配属されて過ごした1年間、「あなた方は、いずれリーダーとなる立場の人。そのことを忘れてもらっては困る」と言われて訓練された。また、「港湾局人」としての立ち居振る舞いを学ぶ間もなく港湾局以外の組織にたびたび出向し、失敗をするたびに私の未熟さゆえに港湾局が低く評価されてしまうという責任を感じていた。この2つが、私を育てたと言っても過言ではない。その中で学んできた「リーダーの在り方」を以下に整理したい。

第1章　優秀な人を待ち受ける落とし穴

〈ワンパターンの公務員批判に含まれる真実〉

かつて読んだ本の中に、新聞、マスコミがネタ切れになったなら国会議員と公務員の悪口を書いていれば売れるということが書いてあった。すでに公務員として仕事をしていた私は、「国会議員には反論の機会があるが、公務員には反論の機会も与えられないだろう」と思ったことを記憶している。

しかしこの記事も「いまは昔」である。国会議員批判、公務員批判は「ネタ切れ」に関係なくマスコミに登場する。あきれるような行状の者が批判されるのは当然としても、ワンパターンで報道される記事には憤慨をすることが多い。

そのワンパターンの公務員批判の代表例が、「前例主義」「指示待ち」「独占（完勝）主義」「縄張り争い」である。若いころはこのような記事を目にするたびに「ワンパターンの記事」と切り捨てていたが、公務員組織に長く身を置き、さまざまな職場を経験するうちに、残念ながらこの批判もあながち間違いではないと思うようになった。

（1）「優秀」と言われる人が、なぜ「前例主義」に陥るのか

時代は常に変化している。毎年同じことを繰り返していてよいはずはない。私の嫌いなことの筆頭

は「前と同じ」ということである。ところが、現実の組織はそうはなっていない。1年、2年ならば仕方ないかもしれないが、場合によっては長期間同じことを繰り返していることが多い。考える力を持った人間が動かしている組織とは思えない。

官僚組織がなぜ「前例主義」となるのか。考えていてあることに気づいた。いまの時代多くの場合「優秀」と言われる人とは幼いときから「試験競争」を勝ち抜いてきた人である。試験では必ず「正解」があり、それを数多く記憶している者が優秀な成績を収める。このような育ち方をした成績優秀な人物は、現実の世界でも正解を探す。ところが現実の社会では、多様な条件の存在や変化の激しさなどにより、確立された正解などない。すると迷った挙句に身近にある正解らしきもの、「疑似正解」を探す。それが「前例」である。前に正しかったのだ。今回も正しいだろうと考える。

多くの組織は年度単位で動き、各年度類似した業務を繰り返す。特に官庁組織や学校組織ではそうなる。そのような組織では、昨年の結果が身近な「疑似正解」となり、結果として「前例主義」となってしまう。もちろん変化を踏まえた正解を考える人が登場することも期待できる。しかし「前例」を決定した前任者は、多くの場合に入省年次が上の先輩であり、加えて大学の先輩でもあれば、それを変えることには勇気がいる。気になっても2年も我慢すれば、人事異動でその立場から離れることができる。こうして時代に合わない決定が繰り返されることになる。

「前例主義」の問題は「前例踏襲」だけではない。前例主義はまずいと考えたとしても「小手先」で変化に対応していると問題が隠されてしまい、傷口は大きくなる。私が退官したのちに勤務した協会は、歴史が古いだけにまさにそうであった。会費制度が複雑であり、かつ秩序のない端数がついており、会員からの質問に説明ができなくなっていた。２つに、社団法人であるにもかかわらず、会費の多寡により会員の職員が定められた数だけ特別会員となり、その一人ひとりが独立した議決権を持っていた。特別会員の名簿上の会員数は大きかったが名簿の書き換えはされておらず、退職したり亡くなっていたりして、会員実態がつかめずにいた。３つに、運輸省で一定以上のポストで退職した人を協会の役員のひとつである評議員とするために、本人の承諾を得ることなく特別会員に登録して会員サービスを提供していた。それ以外の人が会員サービスを受けるためには個人会員となり、年会費を払わなければならなかった。

私は協会のマネージメントのために会員の自覚のない会員を整理したかった。さらに、港湾局のＯＢに限ったことであったが現役の時の最終ポストが生涯つきまとうというのも不愉快な話で避けたかった。２年ほどかけて、会費の多寡により異なっていた議決権を他の社団法人の例に倣い１団体１票とし、団体会員が登録する特別会員を廃止した。評議員の指名のために港湾局のＯＢを特別会員とする慣例も廃止して、全員個人会員に切り替えてもらい、年会費を払ってもらうこととした。１人、２人の抵抗はあったが最終的には全員に同意をしていただいた。会費制度も分かりやすく単純化した。時間はかかったが、この整理がなかったならその後の公益法人改革に対応できなかったと思う。

（２）「優秀」と言われる人が、なぜ「指示待ち人間」になるのか

私が若いころ、「優秀」と評価されて枢要なポストに就いた人間が、その任期中に何をすることもなく「大過なく過ごして」いる姿を見て不思議に思った。周辺を見渡せば、やらねばならない課題がこれほどあるのに、なぜ動かないのだろうか。しばらくたって、上司からの指示を待っているのだと気がついた。上司から指示があれば優秀な能力を発揮して、たちどころに指示された事柄を片づけてしまう。なぜ、日ごろからその能力を生かして問題を発掘して解決しないのか。なぜひたすら「指示」を待っているのか？　そしてある日気がついた。彼らは若い時から「試験」を勝ち抜いて今日あるのだ。「試験」は問題が提示されて初めて頭の思考回路のスイッチが入るようになっている。問題が提示される、すなわち指示が出て初めて思考回路のスイッチが入るようになってしまっているのではないか。

「指示待ち上司」が組織にとって不幸なのは、本来外に出て情報を集め、新しい仕事を考えなければならない人間が内にとどまっているために組織が発展しないことだ。さらなる不幸は部屋にじっとしていては見映えが悪いために、部下の仕事に手を出すことだ。するとその課の仕事レベルは部下のレベルにとどまってしまう。中央に居ようと地方に居ようと、行動が自由で信用力もあるのは課長、課長補佐の時代だと思う。思う存分動き回ることだ。なお注意しなければならないのは「指示待ち人間」であるか否かは、指示がない立場すなわち本省の課長など枢要な立場にその人物がならないと分からないことである。

(３)「完勝」は常に最善の成果か

「受験競争」を勝ち抜いてきた人にとっては「満点」は常に目指すべき目標である。民間企業でもそうかもしれない。同業者が敗退して自社が市場を独占すれば、とりあえずは完全な勝利である。しかし、官庁組織ではそうはならない。ある組織が「敗退」して、組織がつぶれるか、つぶれないまでも1年間仕事がないなどという状況には耐えられないからである。敗退の危険が迫れば「存在」をかけて争うことになる。そうなれば妥協点はなく、いたずらに時間が流れるだけである。

現実の仕事はゲームではない。「ＷＩＮ×ＷＩＮ」が望ましいが、そうはいかない場合が多いし、その案件を苦労して仕立てたのは我々であるかもしれない。その場合にも相手方の存続を赦すような妥協案を探り、たとえ90点でも前進すること、実現することに意味がある。特に予算要求のようにタイムスケジュールの決まっている事柄で停滞はすべてを失う危険がある。

港湾計画、地域開発計画なども同様である。関係者の同意を無理にとったプロジェクトは計画段階では勝利に見えるかもしれないが、実施の段階で大勢の反対者が現れて暗礁に乗り上げ、結局絵に描いた餅になる。残念なことにそのことがはっきりするまでには時間がかかり、当面は壮大な計画、完璧な勝利は称賛を浴びる。

我々の仕事はここでも「実現してこそ意味があるもの」なのだ。

（4）「縄張り争い」というだけでこれを避けてはならない

行政組織の場合は、ひとつの事柄に対して複数の組織が介在しては混乱をきたすので所管事項の重複は排除されている。新しい行政需要が出てくると、新たな課題に対する省庁間の権限争いが生ずる。さらに、助成制度などをそれぞれの組織が準備する場合も、競合が避けられない。結果として「縄張り争い」は省庁間の特質のように扱われて批判されやすいために、ともすればこれに対する警戒心が強くなり、「縄張り争い」と聞いただけで全面的に否定されることが多い。しかし、意味のある縄張り争いもある。私は「縄張り争いはやるべき」だと思っている。ただしそれは、我々がやったほうが優れたサービスを早く国民に提供できる場合に限る。

私が港湾局長にある案件を説明していたときである。同じ運輸省の某局長が来て、ある埋立地に新設される道路を臨港道路としてほしい。そうすればそこに通す予定の新交通システムを運輸省の事業として来年度予算で補助ができると相談に来た。すると港湾局長は即座に「縄張り争いには加担しない」と答えた。私はその瞬間は正しいと思った。しかし、とすぐ疑問を感じた。その新交通システムを運輸省がやったほうが早く実現できるのならば、そうすべきではないのか。「縄張り争い」という言葉のみで判断することはまずいのではないかと思った。

避けなければならない「縄張り争い」は、とりあえず権利だけは確保しておこうという国民不在の利権意識によるものだけだと思う。我々は国民のために１日も早く実現してこそ意味がある世界で仕事をしているのだ。

第2章　リーダーの仕事

（1）「仕事」は組織でするが「評価」はトップ個人でされる

私たちは多くの仕事を「組織」で行っている。国であればそれは「省庁」であり「局」であり、「課」「係」である。仕事は常にチームとして行っており、意見や仕事の成果の発表以外、個人が単独で表に出ることはない。

私が国土庁に勤務していたときの経験である。ある省庁から、新たに策定する長期計画の「案文」の協議があった。法律などは当然だが、閣議決定される長期計画なども閣議で反対が出ないように事前に全省庁と調整しておく必要がある。その時の案文は最終協議ではなく第一次案の協議のようなものだったが、数行読んで「ひどい」と思った。およそ計画の文章になっていない。修正意見を書くとすれば全文に及ぶ。第一次案とはいえ組織の名前で他省庁の意見を聞こうとするものである。あまりのひどさに、「意見を述べるに値せず」という回答をつけて差し戻したいがと下河辺局長のところに伺いに行くと、局長は数行目を通されたのちにこう言った。「○○君がいるのに、なぜこのような未完成な文章が外に出てくるのだろう」。

その言葉を聞いた時の驚きを、いまでも忘れることができない。案文を読んで私は「あの組織がなんでこんな文章を」と「組織」に対して怒りを覚えていた。しかし局長は、その作業を進めたであろうグループの責任者、計画官の名前を挙げて疑問を持ったのだ。

他省庁の幹部の名前、しかも課長クラスの計画官の名前が局長の口から出たことに私は驚いた。そして気がついた。「仕事は組織でするが、評価は幹部個人でなされる」のだと。

第1篇 第1章（7）で紹介したように、優れた先輩達が「自分が最終責任者であれば当然」として、文章に細かく手を入れていた姿を思い出す。そんなことをしないのが「大物」だと思われがちであり、その誘惑はいつもあるが、「名を惜しんだ」ほうがよい。若い人々に私が伝えたいことを一言で表せば、それは「名を惜しめ」ということに尽きる。

（2）リーダーは責任をとるために存在する。危険な役割、いやな役割を部下にやらせてはならない

第1篇 第1章（8）で紹介したように、組織のトップや次席は「皆のお世話をするのが仕事」という言葉は、まさにそのとおりであった。組織のトップやナンバー2になったからといって「指示をしていればよい」ということとは程遠いことを嫌というほど経験した。「お世話をする」というより自ら動き嫌な役を引き受ける、時代劇風に言えば腹を切る覚悟で責任をとるという行動をとらなければならないことが多かった。組織で仕事をしている以上、ほとんどのことはリーダー以外でも務まるが、トップが動くこと以外に意味のない場合もある。それは組織の不祥事をお詫びするとき、組織の都合で相手に不愉快な思いをさせるときである。このような仕事を部下にやらせてはならないし、部下にやらせたりすればかえって問題を複雑にしてしまう恐れがある。

このような意見に対する反論はほぼ決まっている。「リーダーにもしものことがあれば組織が混乱する」というものである。その心配は無用だろう。第1に、民間のオーナー企業でもない限り、官庁組織はひとりにそれほどの権限が集中していないからである。第2に、人材の層が厚く、交代要員はいくらでもいるからである。即座に交代して組織の混乱は防がれるだろう。その決断は難しいが、その決断をすることがリーダーの責任であり、リーダーしかできないことである。リーダーに求められるのは「優秀さ」よりも「責任をとる覚悟」である。「臆病」は組織が順調に動いている時には問題にならないが、組織が危機に直面した時にはリーダーに最もふさわしくない性格である。

（3）職員（とその家族）はリーダーの背中を見ている

１９９０（平成２）年４月、50歳の時に私は一建の局長を拝命して新潟に赴任した。一建は、内務省の「新潟土木出張所」という、信濃川治水、立山砂防などの昭和のビッグプロジェクトを推進した事務所の流れをくむ由緒ある組織であった。

初日のことである。局長室に座って局内に耳を澄ませた。静まり返っている。時間がたってからそれは一建の職員のまじめさの結果だということが理解できたが、その時は何かに遠慮してひっそりと仕事をしているという印象であった。その時におこがましくも「この雰囲気を変える」と決意した。日がたつにつれてその気持ちはますます強くなった。一建の行政範囲は秋田県から福井県までの本州中央部の日本海岸を占めており、「環日本海の時代」を目前に見て、各県に大型のプロジェクトが議論されていた。地元新潟市に限っても信濃川の両岸をむすぶ海底（沈埋）トンネルや、新潟空港の滑走路の２５００メートルへの延長工事も着工寸前であった。新潟市のみならず、日本海側にとって将来意味を持つ重要な事業を実施しようとしているのに、一建に対する地元の認識は薄かった。

幸い技術次長にも事務次長にも優秀な人が就いていた。そこで、内政と工事は両次長に任せて、私は一建の動く広告塔になると宣言をした。幸い地元のさまざまな研究会とのつながりを前任の局長がつくってくださっていたのでこれに参加し、積極的に意見を述べた。マスコミの取材も一切断ってはならないと伝えた。港湾局での経験、経済企画庁・国土庁での経験が役立った。

着任後8カ月たった1991年の正月、「新潟日報」の正月版は2面見開きで、新潟空港、港湾の特集を組み、私へのインタビュー記事も掲載された。これをきっかけに地元テレビへの登場も多くなった。まず変わったのは、職員の雰囲気であった。もともと明るかったが、日々の行動が活発になった。職員の家族の影響も大きかった。「帰宅したら女房から、『お父さんのところの局長さん、テレビに出ていたよ』と言われました」と嬉しそうに報告してくれた。一建が取り組んでいるプロジェクトが、マスコミでもしばしばニュースになった。

3年後、東京への転勤が決まり、出発の前日のことである。港湾局のＯＢで新潟に住んでおられたひとりの大先輩が訪ねてこられてこう言った。「新潟の人達は、一建は信濃川の川ざらいをしているところというほどの認識しかしていなかったが、あなたのこの3年間の働きで、一建の真の姿を大勢が認識するようになりました。ＯＢのひとりとして感謝をします」。

リーダーの背中は、職員はもちろんのことその家族も見ている。彼らが誇りに思えるような背中を見せることがリーダーの責任であり「恥ずかしい」などと思わせてはならない。取材を受けたなら断らずに対応することだ。我々は尋ねられていることについてプロである。堂々と語ることだ。リーダーは権力にへつらってはならない。権力にへつらっているリーダーほど、部下にとって情けないことはない。係長であろうが局長であろうが、リーダーの仕事は組織の構成員に誇りを持たせることである。

番外編　リーダーが見過ごしている組織の「何か変だ」

「何か変だ」と思うことが、新しい仕事の発見につながると第2篇で述べたが、それは仕事の面だけではない。組織としての行動、立ち居振る舞いに意外な落とし穴がある。仕事に直接関係したことではないが、組織の評価、職員のモラールには大きく影響する。どの職場にもこれと似た話はいまも「健在」であろう。注意深く対応していく必要がある。

この「何か変」は、リーダーが気づかなければいつまでも改まらない。

〈発注者が受注者に挨拶回り？〉

新しい仕事の種《たね》は「何か変だ」と感じたことの中にあると前に書いたが、その「変」は何年間も安定的に引き継がれてきた事柄の中にも潜んでいる。それらの多くは1年に一度とか数年に一度しか行われない行事に関連したりするので、気がつくチャンスは極めて限られている。トップの交代時などはそのチャンスであるが、得てしてそのようなときは「まだ慣れていないからかもしれない」と、せっかくの気づきを無駄にしてしまう可能性が高い。

１９９０（平成２）年４月、私は一建局長となった。最初の仕事は挨拶回りである。新潟県知事、新潟市長に挨拶し、次いで市内の関係先を総務課長の案内で回った。何カ所か挨拶に回って「？」と思った。市内にある有力建設業者を次々と挨拶に回るのである。国は発注者、建設業者は受注者である。立場に貴賤はないが、発注者が受注者のところに新任の挨拶に行くのはおかしくないか。外部から見れば、官民の癒着ともとられかねない。先導役の総務課長に質すと「毎回こうしています。挨拶回りのリストにも明記されています」ということだった。さらに質問すると、最後は「前任のＳさんもこうしました」と前任者の名前が出てきた。Ｓさんはいずれ港湾局長となると、若い時から輿望を担っている人であった。「普通の新人は黙って従ってください」と言われているような気がしたのでそれ以上追及をしなかったが、１カ月ほどして謎が解けた。新潟県建設業協会の総会があり会長が交代したのだ。新しい会長は市内に本社のある建設業者である。挨拶回り先のリストが「新潟県建設業協会会長」ではなく、新しく就任する「△△建設株式会社社長」とされ、次々と追加されてきた結果であった。リストの挨拶回り先を「新潟県建設業協会会長」に書き換えてもらい、個別企業は削除してもらったが、いまでも正しく引き継がれているだろうか。

〈「あなたは部外者」とわざわざ断って表彰？〉

一建に着任して２、３カ月が過ぎたころ、さらにおかしいことがあった。

ある業界団体の総会後の懇親会に招かれたときである。会員のひとりから「運輸省設置記念日に部外功労者として表彰されることとなりました。ありがとうございます」と挨拶されたのだ。「えっ?」と息をのんだ。「いま何とおっしゃいました?」。

功労者を表彰する。そのときに、わざわざ「あなたは部外者」という必要がどこにあるのだ。局に戻って尋ねると、「例年こうしてきました」とまた言われ、背景に「港湾部外功労者表彰式」という看板のかかった記念写真まで見せられた。

原因は「功労者表彰規定」のひとつとして職員以外の者を表彰するための「部外功労者表彰規定」が定められていることにあった。しかし「功労者」はひとつなのだ。この件は、あまり日を置かずに四建の泉信也局長から「君のところはどうなっている」とお尋ねの電話をいただいたから、四建でも同じだったのだろう。

諸先輩に申し訳ないが、歴代の建設局長はいったい何を見ていたのだろう。「そんなことに関わっている暇はなかったのだ」とおっしゃるかもしれないが、時間のかかることではないし、私の3年間の体験から言わせていただければ、直轄事業の実施という業務については技術次長が、内政面は事務次長が押さえていて、局長には局の内外に目を配る時間はいくらでもあったと思う。

局長の役割は、国の組織としての在り方を常に考え、それを実現して職員の誇りを高めることである。組織の構成員が誇りと自信を持てば、組織は活性化する。それはリーダーである局長の最大の仕事であるし、トップにしかできない仕事だろう。トップの仕事場は組織の外にあると考えてはどうだろうか。

謝辞

私を育て活動の機会を与えてくれた職場に少しでもお役に立つことを願って、私の経験の中で学んだことを「先輩の背中　私の背中」としてまとめた。時代も環境も大きく変っており、私の体験など役に立たないかもしれない。しかし、若い人たちが充実した仕事人生を全うするために、時代が変わっても役立つことがあるかもしれない。それがわずかであっても私をこれまで育ててくれた社会への恩返しであると思って筆を執った。

私の主張、特に仕事を進める上での原理・原則を理解していただきたいと思い、「私の背中」では、手掛けてきた仕事を事例として取り上げた。私一人で進めてきたように書いてあったとしても、もちろんそのようなことはない。その仕事の必要性に気づいたのは私であったとしても、仲間が一緒に働いてくれなければ実現しなかった。一人ひとりを思い浮かべ、感謝の気持ちで一杯である。

ここに収めた話の中には、これまでさまざまな機会に語り、あるいは印刷物として発表したものも多い。今回改めてすべてを書き起こしたが、主張している考えについては大きく変わってはいない。「前にも読んだ」という思いを多くの人に与えてしまうことになるが、お許しをいただきたい。

発刊に当たって多くの方々にお世話になった。

泉信也先生には、内容に迷い、さらには出版に迷っていた私を常に励ましていただき、過分な「序文」までいただいた。また「港湾空港タイムス」紙の浜田正弘氏には、様々な事情で大変ご迷惑をおかけしたにもかかわらず、執筆を励ましてくださった。お詫びと感謝を申し上げたい。お二人の励ましがなければ出版にまで到達できなかったかもしれない。

数人の仲間には原稿に目を通してもらった。中でも中井修さんには修辞や記載されている内容の確認など、杜撰な私の及ばぬチェックをしていただいた。

また、歴史の古い大手出版社の編集者を長く勤められ、現在私の属しているキリスト教会の先輩である石川昂さんには第1稿に目を通していただき、文の構成、官庁文書になりがちの表記などについて細かくご指導をいただいた。なるほどと納得した私（我々）の表記法の癖は、「漢字の多用」「読点（、）の多用」である。前者は文面が暗く重たくなり読もうとする気持ちをそぎ、後者は読み手の思考がそこでいちいち途切れてしまうということを教えていただいた。書店にたくさんの新刊本が並べられているが、一作品ごとにこのような綿密なチェックを通って初めて作品となるのだということを教えていただいた。貴重な経験であった。記して感謝を申し上げたい。

この本が希望に燃えて社会に出た後輩たちに少しでも役立ってくれれば、これほど大きな喜びはない。

2024年3月　社会人としての還暦を迎えて

著者略歴

1940（昭和15）年2月に東京に生まれる。

1945（昭和20）年の終戦直前に父の勤務地であった中国青島市から引き揚げ、その後神戸市、熊本市、東京都で小学校時代を過ごす。

1959（昭和34）年に都立小山台高等学校を卒業し、1年の浪人の後北海道大学に入学。1964（昭和39）年3月に同大学工学部土木工学科卒業して、4月に運輸省に奉職した。第二港湾建設局（横浜市）から公務員としての歩みを始めた。その後、海運局外航課、第五港湾建設局（名古屋市）、経済企画庁総合開発局、運輸省港湾局計画課と異動。港湾局に1年間在籍している間に直前の勤務先の経済企画庁総合開発局が核となって国土庁がスタートし、設立1年後の1975（昭和50）年4月に国土庁計画・調整局計画課課長補佐として、組織名は異なるが1年前まで勤務していたポストに戻ることになった。ここで「三全総」の策定作業に従事。

1978（昭和53）年5月、港湾局開発課補佐官、

1980（昭和55）年4月に国際臨海開発研究センター（OCDI）へ出向し、JICAのインドネシア、ナイジェリア、タイの臨海部開発計画調査等に従事。

1983（昭和58）年4月　港湾局災害対策室長となり、5月に日本海中部地震を経験。

1984（昭和59）年10月　国土庁計画・調整局に計画官として出向し「四全総」の策定作業に従事。同じ組織に3度目の出向となった。

その後、港湾局開発課長、第二港湾建設局技術次長を経て、1990（平成2）年4月に第一港湾建設局（新潟市）局長となる。初めての日本海側の生活であった。一建局長としては歴代最長の3年間弱勤務して1993（平成5）年1月 官房技術審議官（港湾局担当）となり、1994（平成6）年6月に港湾局長となる。

1996年（平成8）年8月新設された技術総括審議官に就任して1998（平成10）年4月に退官した。

退官後、日本港湾協会理事長、会長を務める。その間、2005（平成17）年4月から3年間　北海道大学公共政策大学院特任教授（社会資本整備論他）を務める。

2008（平成20）年度に土木学会第96代会長。

著者近影
（SCOPE提供）

■資格・学位

技術士（建設部門）

博士（工学）２００８年「我が国の国土開発計画における開発モデルの研究」で北海道大学から授与

■著書

『築土経国「土木学」の提言』海山堂（２００１年）

竹内良夫氏（港湾局長、土木学会第81代会長、関西国際空港株式会社初代社長）が土木学会関西支部長のころから提唱していた「シビルコスモス」を発展させた「土木学」について、竹内良夫氏の監修のもとにまとめたもの。

『日本人の国土観』ウェイツ（２００８年）

■提言

土木学会

平成20年度土木学会会長提言特別委員会「誰がこれを造ったのか―社会への責任、そして次世代へのメッセージ」平成21年5月

技術同友会

「大規模システムの安全設計に関する提言―大規模なシステムの安全性を高めるためになすべきこと」平成24年3月　技術同友会大規模システム安全設計調査委員会（委員長として取りまとめ）

先輩の背中 私の背中
―後輩への伝言―

２０２４年４月20日　初版第１刷

著　者　栢原英郎
発行人　中井健人
発行所　株式会社ウェイツ
〒１６０-０００６
東京都新宿区舟町11番地
松川ビル２階
電　話　０３-３３５１-１８７４
ＦＡＸ　０３-３３５１-１９７４
http://www.wayts.net/
装　幀　菊池雛（株式会社ウェイツ）
レイアウト　飯田慈子（株式会社ウェイツ）
印　刷　株式会社シナノパブリッシングプレス

Printed in Japan
ISBN978-4-904979-37-2　C0036